Luis de Rivera

Crisis
emocionales

Otras obras por Luis de Rivera:
El Maltrato Psicológico
Síndromes de Estrés
Medicina Psicosomática
Listado Breve de Síntomas – LSB 50
Cuestionario de Estrategias de Acoso – LIPT 60
Índice de Reactividad al Estrés
Las Claves del Mobbing

Ver en www.psicoter.es

Maquetación: Antuán Cortés
Portada: Chufi López

"El hombre sabio está atento a la impermanencia de todas las cosas"

CONFUCIO

Índice

Introducción

La cultura de la crisis

No es nada raro encontrarnos en estos días con la palabra "crisis", acompañada por los adjetivos más diversos: hay crisis ecológicas, climáticas, económicas, sociales y políticas; crisis de valores, de creencias, de cultura..., también hay crisis matrimoniales, familiares, empresariales e institucionales. A veces, todo parece estar en crisis. Por supuesto, es muy posible que nos hayamos habituado a usar mal el término y que lo estemos aplicando a lo que no son más que problemas, contingencias molestas o meros deterioros de estructuras perecederas. Por eso es importante definir bien el concepto de crisis, a lo que dedicaremos todo un capítulo de la presente obra.

La vida se va construyendo a base de decisiones críticas y éstas sólo se toman cuando no queda más remedio. Resulta sorprendente que, siendo tan importantes, inevitables y frecuentes, las crisis nos encuentren siempre desprevenidos. Puede que todo sea un problema de desconocimiento y, entonces, seremos afortunados porque este libro vendrá a cubrir muy oportunamente un hueco desatendido. Pero creo que, lamentablemente, la generalizada falta de preparación para las crisis se debe más a un mecanismo de "ignorancia activa", un esfuerzo subconsciente mediante el cual conseguimos no enterarnos de lo que no queremos saber.

Es claramente incongruente pretender que la seguridad sea algo natural, cuando todos sabemos que la Naturaleza es esencialmente insegura. Luis Rojas Marcos me lo explicaba muy claramente un día en Nueva York y poco después me envió su excelente libro *Nuestra incierta vida normal*[1], que recomiendo, porque hace excelente justicia al tema.

---

[1] Luis Rojas Marcos, *Nuestra incierta vida normal. Retos y oportunidades* (Aguilar, Madrid, 2004).

En mi opinión, el empeño por negar esta contradicción es el gran motor de todas las Civilizaciones, enormes estructuras antinaturales levantadas para satisfacer el ansia de certeza de los seres humanos. Toda tradición y toda cultura tienen como objetivo principal la creación de un sentimiento de continuidad, afirmando creencias y principios inmutables que dan sentido a la existencia. Este logro es de inmenso valor social, aunque no deja de tener algunos inconvenientes. El principal de ellos es que, a lo largo de la historia, el mantenimiento de la certeza ha exigido la destrucción de individuos incómodos, desde genios excepcionales hasta visionarios insensatos, pasando por simples rebeldes inconformistas. En definitiva, es el rechazo de lo nuevo y el temor a lo inesperado lo que entorpece la capacidad humana para anticipar, entender y resolver las crisis.

El ritmo acelerado de cambio propio de nuestra época facilita que nos demos cuenta de que el destino último de las superestructuras de creencias es su fractura interna, que cada vez es más prematura y más desesperanzadora. Paradójicamente, sólo aceptando que la incertidumbre y el cambio forman parte de la vida, podremos hacer que ésta sea más estable y que recupere su significado.

"Espera lo inesperado o no lo encontrarás", dijo el filósofo griego Heráclito. Nuestro cerebro está construido para resolver problemas y para superar dificultades. Crece, literalmente, cada vez que le damos la oportunidad de realizar alguna de sus tareas favoritas, tales como poner orden en el caos. Por el contrario, la huida de la realidad, aunque pueda parecer liberadora de momento, deteriora nuestra capacidad mental y nos expone a más sufrimientos y adversidades que los que pretendíamos evitar. No debemos engañarnos, porque, para superar con éxito las crisis de nuestra vida, tenemos que ser honestos y exactos en la percepción de lo que nos ocurre. Pero no basta con eso; además, hay que ser creativos en la búsqueda de soluciones, certeros en la toma de decisiones y efectivos en su aplicación práctica.

Los cambios, los acontecimientos vitales, el estrés, los traumas psíquicos, las sobrecargas psicológicas, la hiperactividad emocional..., todos estos son aspectos de la complejidad de nuestra existencia, íntimamente ligados con fenómenos críticos. Todos pueden ser causa, consecuencia o complicación de una crisis. Por eso, saber detectarlos y manejarlos forma parte de la preparación para la vida de todo habitante de nuestro mundo actual.

Por otra parte, aunque viviéramos en un bálsamo de paz y todo nuestro entorno permaneciera siempre estable, el crecimiento y el desarrollo personal crean una tensión interna que acaba por superar todo límite de estabilidad, forzando una transformación. Adaptarse y sacar partido a estas transiciones impone una tarea a nuestra vida, jalonada de edades críticas. Cumplirla o no cumplirla es el test inevitable y definitivo de nuestra capacidad de madurar como seres humanos.

En resumen, la discontinuidad que produce la crisis puede venir impuesta por el entorno y, entonces, hablaremos de crisis externas. O puede que seamos nosotros mismos la causa de una ruptura vital, lo que configurará una crisis interna. También hay situaciones intermedias que, sin ser propiamente externas, tampoco son exactamente causadas por nosotros mismos, ni forman parte inevitable del desarrollo vital. Pienso aquí en compromisos y actividades relativamente complejas, que tienen un principio y que acaban teniendo, de manera prevista o imprevista, un final. Terminar los estudios, graduarse de un programa de formación profesional, casarse o separarse de un cónyuge o de un asociado, entrar o salirse de un club, de una organización o de una asociación, son algunas de estas circunstancias.

Los aspectos subjetivos de las crisis incluyen los diferentes estilos de respuesta emocional y los distintos modos de elaborar nuevas estructuras mentales. Cada crisis nos obliga a configurar en nuestra conciencia un nuevo mundo, que es distinto del anterior en la medida en que éste no pueda absorber la crisis. A veces esto es muy fácil, pero en otras ocasiones se producen desgarros que hay que restaurar y que podemos tardar mucho tiempo en reparar. Bien entendidas, nuestras emociones pueden ser muy positivas para el esfuerzo de la reorganización cognitiva del mundo. Pero si son excesivas, insuficientes, inapropiadas o carentes de regulación, más que ayudar a resolver una crisis, pueden a crear otras nuevas.

Con cierto asombro, descubrí hace poco una rama boyante de las Ciencias de la Comunicación (Periodismo) llamada "Gestión de la Crisis", que encuentra su aplicación principal en el seno de las grandes empresas y otras organizaciones de calado, como gobiernos, partidos políticos y asociaciones de mucha presencia pública. Como es habitual en la gestión, el gestor de crisis no tiene que hacer nada, sino solamente ordenar, comunicar, tamizar y, en ocasiones, ocultar lo que hacen los demás. Lo menciono porque llevo algún tiempo usando la misma expresión, "gestión de la crisis", para referirme a lo que hay que hacer para resolver este tipo de situaciones, tanto cuando nos afectan a nosotros mismos como cuando afectan a los demás. De ahora en adelante voy a procurar evitar estas palabras, pero, por si acaso, ruego al lector que, si en algún lugar del texto las encuentra, entienda el sentido en el que las uso.

No quiero decir con esto que no me parezca importante la tarea del experto en comunicación durante las crisis; todo lo contrario: de lo que se dice y de cómo y cuándo se dice depende que la crisis vaya a más o que se atenúe y acabe por desvanecerse. Una información demasiado estimulante o morbosa hace que los efectos de una crisis se extiendan por contagio a personas no implicadas anteriormente en ella. Pocos días después del 11-S tuve ocasión de atender a dos pilotos de líneas aéreas que nunca habían volado ni siquiera cerca de Nueva York, pero que desarrollaron síntomas severos de ansiedad después de seguir en detalle la extenuante cobertura que los medios hicieron del atentado. Otros colegas míos han reportados casos similares, en pacientes de las más diversas procedencias, que llegaron a enfermarse por identificación con las víctimas. No creo que fuera el mero conocimiento del atentado en sí la causa de estas reacciones patológicas, sino la excesiva absorción de una información tan realista y detallada que acabó consiguiendo que estos pacientes vivieran el acontecimiento en primera persona. Conocemos muy bien el impacto emocional que una catástrofe tiene en los que la padecen, pero no es tan sabido que una excesiva riqueza de información pueda producir efectos similares en personas muy distantes del evento.

Otro tema, completamente distinto, es la posibilidad de que los medios de comunicación induzcan una identificación con los causantes de tragedias, favoreciendo que algunos individuos predispuestos provoquen, por imitación, nuevas crisis similares. Para poner un ejemplo, está claro que el suicidio, conseguido o fallido, es un acto de desesperación al que sólo se puede llegar en medio de una grave crisis personal. Pues bien, varios estudios psiquiátricos norteamericanos han confirmado que, cada vez que un periódico da noticias sobre suicidios, aumentan los actos similares en sus zonas de influencia, un efecto que puede durar varias semanas. Nadie ha estudiado, que yo sepa, los efectos de otras noticias morbosas, como las relacionadas con la violencia doméstica, por ejemplo, pero me temo que puedan ser algo parecido. Sugiero el nombre de *psicoinformación* para designar una nueva ciencia, prácticamente virgen, que propongo definir como "el estudio de las relaciones entre los procesos de comunicación de masas y las actitudes y opiniones de la población". Sus aplicaciones en Prevención en Salud Mental son evidentes y espero que dentro de poco empiecen a aparecer tesis doctorales de psicología o de periodismo sobre el tema. El poder de los medios de comunicación es tan grande que pueden llegar a convencer a los protagonistas de un acontecimiento de que las cosas ocurrieron de manera distinta a como ellos las vivieron.

Volviendo a las crisis personales, está claro que raramente son estrictamente individuales, sino que, con frecuencia, se engloban en crisis más amplias que afectan a mucha más gente. Estas *macrocrisis*, a su vez, pueden ser bruscas y repentinas, como las catástrofes, o lentas y progresivas, como las relacionadas con el deterioro económico o con la incompetencia gubernamental. Ortega y Gasset, mi filósofo favorito, describe un tipo de crisis lenta que dura, por término medio, unos doscientos años: la **crisis histórica** (no confundir con la crisis histérica, de la que trataré en el capítulo sobre *crisis internas*).

En realidad, para entrar en crisis no es necesario que ocurra nada grave ni espectacular. Basta con que dejen de ocurrir esas cosas tan normales y tan aceptadas que sólo se perciben cuando faltan. Emilio Durkheim, el padre de la Sociología, define las **crisis sociales** como situaciones en las que las creencias y normas habituales han dejado de ser operativas, generalmente porque se han vuelto incongruentes o, simplemente, contradictorias entre sí. También, con la deconstrucción en boga en estos tiempos tan ultra-postmodernos, muchas normas y creencias han sido relativizadas hasta el punto de que han dejado de existir. En todos estos casos se produce una atmósfera emocional colectiva de *anomia*, en la que todo parece carecer de sentido, los juicios sobre la bondad o maldad de las acciones van perdiendo unanimidad y el consenso social requiere cada vez más esfuerzo y sacrificio. No resulta sorprendente saber que, cuando una colectividad se encuentra en estado de anomia, se disparan en ella las estadísticas de criminalidad, suicidio y divorcio.

No es fácil llegar de repente a la anomia. De hecho, gran parte de la presión hacia la conformidad que encontramos en todas las organizaciones puede entenderse como una reacción de defensa preventiva contra ella. Cuanto más cerca estemos de caer en la anomia, más intenso será el esfuerzo institucional para obligar al cumplimiento de las normas vigentes, hasta que la evidencia de desintegración llega a ser tan aplastante que la sociedad, en su conjunto, acaba perdiendo todo interés por la legalidad y las normas. Según la visión de Ortega y Gasset, hace falta mucho tiempo, incluso varias generaciones, para que un pueblo entero pueda abandonar las creencias que lo sustentan. Entonces, cuando la anomia resultante lleva a cada individuo a descubrir que no se puede vivir sin puntos de referencia, empieza una nueva búsqueda, que acabará llegando al establecimiento de nuevas creencias, nuevas normas, nuevos valores.

Si esto es así, pienso que una crisis de tamaña magnitud como las que describe Ortega debe tener al menos tres fases: una primera, marcada por la pérdida progresiva de creencias, una intermedia, que es la crisis propiamente dicha y una final, en la que se vislumbra la salida hacia un nuevo concepto del mundo. Si consideramos ahora los sentimientos propios de cada fase, podemos fácilmente colegir que en la primera predominarán la depresión y la destructividad, en la segunda, la angustia y la desesperación y en la tercera, la ilusión y el entusiasmo. No me cabe ninguna duda de que nuestra época está en crisis, aunque no me atrevo a definirme con seguridad sobre en cuál de las tres fases nos encontramos, porque me parece detectar elementos de todas ellas. Ciertamente que no estamos ni al principio de la primera ni al final de la tercera, por lo que me temo que tendremos que concluir que estamos viviendo en el punto álgido, en el mismo ojo del huracán, entre dos mundos, uno que se está yendo y otro que no sabemos cómo vendrá.

Cuando los soportes tradicionales de los sentimientos personales de seguridad y de sentido empiezan a fallar, aparece la angustia de la anomia. Y, como reacción de huida ante ella, la búsqueda desesperada de afiliaciones o la imposición descarada de ideales más o menos absurdos, cuya función principal es forzar un sentimiento de unión. Aunque parezca contradictorio, el caos y la dictadura están muy próximos entre sí[2]. La única opción entre estos dos extremos es el desarrollo del poder personal para vivir la propia vida, entender lo que vivimos y hacer lo que podamos. A partir de ahí, es posible que muchas personas flexibles y conscientes de sí mismas puedan llegar a acuerdos y consensos, lo cual es la esencia de la democracia. Lo contrario no es la tiranía, sino la conformidad de la masa informe, gente que se mimetiza a sí misma, en una fusión inconsciente en la que cada uno es intercambiable con cualquier otro. En una verdadera democracia hay convicciones personales y tolerancia a las convicciones ajenas; en una falsa democracia hay ausencia de convicciones e indiferencia por lo que hacen los demás. Sólo cuando pensamos por nosotros mismos somos personas, seres capaces de elaborar un esquema sobre nuestra existencia y la de lo que nos rodea, de entrar en comunicación con otros seres pensantes y de llegar a decisiones sobre el lugar que ocupamos en el mundo. Cuando no lo hacemos, cuando absorbemos sin reflexionar las ideas que por casualidad nos pasan cerca, somos números aislados en una

---

[2] En psicopatología tenemos un ejemplo claro de este fenómeno, el trastorno obsesivo-compulsivo, en el que el individuo se impone a sí mismo ideas y rituales absurdos que, misteriosamente, lo protegen de una intensa angustia interior que no se puede soportar. Mecanismos similares tienen acción en otras formas de personalidades rígidas

estadística social, sin ningún poder sobre nuestras circunstancias ni ningún sentido personal en nuestras vidas.

"Nunca creáis en nada que no hayáis comprobado por vosotros mismos, ni siquiera en lo que yo os digo". Esta orden, que se atribuye inicialmente a Buda, ha sido repetida por muchos maestros espirituales, siendo Gurdjieff el último del que tengo noticia. Si nos tomamos la frase al pie de la letra, resulta tan paradójica como decir "Te ordeno que no me obedezcas" (para obedecerme, tienes que no obedecerme, pero, si me desobedeces, ya me estás obedeciendo y lo que tienes que hacer es no obedecerme...). Queriendo ser razonables, tendremos que entresacar el espíritu de la letra y explayar la concisa sentencia en algo así como "No aceptes ninguna idea, convicción o creencia sin pensarla antes por ti mismo. Cuando lo hagas, comprobarás que te di un buen consejo, pero eso tiene que ser tu descubrimiento personal, no sólo la aceptación de mis ideas sin pensarlas primero".

La necesidad de certeza forma parte de la naturaleza humana. De ahí viene uno de nuestros más exclusivos instintos: la *epistemofilia*, que significa, literalmente, "amor al conocimiento". La necesidad de saber nos ha llevado al desarrollo de procedimientos, más o menos sofisticados, para saber si una cosa es cierta o no. Cada uno de estos procedimientos se llama **Criterio de Verdad**. Si, cuando alguien nos asegura algo con convicción, le preguntamos ¿cómo sabes que eso es cierto?, su respuesta nos revelará su criterio de verdad, esto es, el procedimiento que ha aplicado para sentirse seguro de su conocimiento. De manera generalizada en épocas anteriores, y menos frecuente en la nuestra, la Verdad estaba fuera del ser humano. Era relativamente fácil tener acceso a ella –al principio a través de la Religión, después gracias a la Ciencia–. La esencia del problema que nos ha llevado a la crisis histórica actual es la pérdida de los tradicionales referentes externos. Ahora, sólo nos quedan dos opciones: o buscar nuestras certezas pensando sobre nuestra realidad o aceptar sin más la realidad que otros nos impongan. Saber por qué hacemos lo que hacemos y cuáles pueden ser las consecuencias de nuestras decisiones son antídotos seguros contra las crisis y la anomia. Depender de caprichos y veleidades ajenas es un pasaje seguro hacia la zozobra y el desaliento.

En la Edad Media, el ajuste con las Sagradas Escrituras era el criterio de verdad fundamental; después del siglo XVII lo fue, cada vez más, la demostración científica. Ahora, me temo, el criterio prevalente de verdad es la opinión pública, trasmitida por los medios de comunicación. De creer lo que los sacerdotes dicen que Dios dijo, pasamos a creer en lo que los divulgadores científicos dicen que la Ciencia ha descubierto, para acabar creyendo en lo que los medios de comunicación dicen que la gente piensa. No estoy seguro de que estemos mejorando. Más bien me parece que vamos de mal en peor. No me extraña que oigamos cada vez más la palabra "crisis", porque los criterios de verdad que utilizamos son cada vez más frágiles e inestables.

Por otra parte, sí que parece cada vez más evidente que la única solución va a ser la toma de responsabilidad personal sobre la propia existencia. El proceso que recomiendo, reflexionar sobre el desarrollo de la propia vida e ir resolviendo las tareas que ésta nos plantea, es muy parecido a lo que Ortega y Gasset llama "Razón Vital", o "razonar ante la inexorable circunstancia".

Tabla 1

Evolución política en función del criterio de verdad

Instrumento	Criterio de verdad	Organización social
Religión	Revelación	Dictadura
Divulgación	Ciencia	Oligarquía
Medios de comunicación	Opinión pública	Democracia manipulada
Razón vital	Comprensión personal	Democracia verdadera

De cómo llegué a escribir este libro

El presente libro es el complemento natural de otras dos obras recientes: *El maltrato psicológico* (Espasa, 2002; Altaria 2011)[3] y *Síndromes de estrés* (Síntesis, 2010). Hubiera debido ser una tarea fácil,

---

[3] En *El maltrato psicológico* repaso las causas y consecuencias de una tragedia estúpida y solapada que bloquea y trastorna muchas vidas. Sus diferentes versiones son el *mobbing* en las empresas y organizaciones, el *bullying* en las escuelas, el abuso psicológico en las familias y en las parejas y, a nivel más amplio y general, el malestar y la desconfianza que surgen de una cultura de competitividad y de desprecio ajeno. Todas estas situaciones crean momentos críticos, en los que la felicidad de una persona puede quedar destruida para siempre. Pero también pueden dar a su vida un giro existencial hacia niveles de maduración personal y de progreso social inesperados, que hubieran sido imposibles sin circunstancias iniciales desgraciadas.

porque tanto mis estudios como mi experiencia clínica me aseguran que conozco bastante bien el tema. Sin embargo, me estaba costando tanto poner en orden mis ideas que, en algún momento, pensé seriamente en renunciar a la empresa. De repente me di cuenta de que estaba sufriendo un ataque de "parálisis del escritor", una conocida enfermedad profesional por la que todos los autores han pasado alguna vez. Su origen más común es un bloqueo interno de las asociaciones mentales, causado por interferencia del hilo argumental con problemas no resueltos de la propia historia personal. Así que, como terapia, decidí empezar por repasar mis propias crisis e intentar averiguar cuál de ellas no tenía aún bien resuelta. Como esto es un caso práctico de aplicación de la razón vital a la comprensión personal, me voy a permitir incluir aquí algunas notas biográficas, en la confianza de que el lector encontrará alguna utilidad en el experimento.

La primera crisis que recuerdo ocurrió hace mucho tiempo, cuando tenía cinco años y mis padres se separaron. No se enfadaron, ni se divorciaron, ni nada así, solamente se separaron o, mejor, mi madre y yo dejamos a mi padre en África y nos fuimos a vivir con mis abuelos, a tres mil kilómetros de distancia. Fue entonces cuando me convertí en un observador. Aprendí a grabar imágenes, escenas completas de aquella época, no necesariamente traumáticas, pero sí lo suficientemente dispares con todo lo que había vivido anteriormente como para necesitar tiempo extra para procesarlas.

Distanciarse de experiencias incomprensibles o insoportables es una reacción muy normal pero, llevada al extremo, acaba convirtiéndose en un síntoma típico que los psiquiatras llamamos disociación. Cuando queda bien establecida, la disociación se caracteriza por una mezcla extraña de amnesias para el acontecimiento con persistencia de las emociones que lo acompañaron. Es decir, seguimos sintiendo la angustia, la tristeza, el desconcierto, o lo que fuera, pero sin saber exactamente de donde vienen esos sentimientos. Digamos que la cabeza olvida más fácilmente que el corazón.

Cuando una persona así afectada intenta recordar la situación causal, o cuando otra situación se la recuerda por afinidad, los sentimientos van volviéndose cada vez más intensos, hasta que se pone en marcha un mecanismo automático para evitar el sufrimiento que interfiere con los recuerdos y aumenta la amnesia. Ésta es la razón por la que muchas veces nos sentimos mal sin poder precisar por qué; o, si nos parece tener una causa, nos damos cuenta de que, lógicamente, no es suficiente, por sí sola, para producirnos esa reacción. Afortunadamente, en mi caso, di con una solución intermedia, que me protegió de la disociación excesiva sin causarme tampoco demasiado sufrimiento: observar y guardar para luego. Así pude seguir recordando las situaciones que no entendía sin tomar ninguna decisión sobre lo que tenía que sentir, hasta que el propio desarrollo de la vida me fue dando, poco a poco, instrumentos suficientes para comprenderlas. Esto es lo que llamo ahora la "técnica de congelación activa", que consiste en mantener una imagen clara, pero distanciada, de algo que no podemos soportar, en el convencimiento de que más adelante sí que podremos hacerlo. También se puede llamar el método de la asignatura pendiente y, en todo caso, es mucho mejor que pretender que no ha ocurrido algo que sí ha ocurrido. Sólo tiene un fallo, y es la necesidad de mantener en todo momento la seguridad absoluta de que, si ahora no podemos superar algo, en algún momento futuro sí que podremos. Hay veces en las que esto no resulta nada fácil y por eso dedico un capítulo entero de mi próximo libro, *Cabalgar el tigre*[4] a explicar el sutil arte de tener confianza en la propia vida, independientemente de toda evidencia en contra.

Lo que sí que me resultó verdaderamente traumático fue mi primera experiencia de escolarización. Pienso ahora que debía yo tener un aspecto muy diferente del de los otros niños del colegio, por lo menos mi acento y mis modos de jugar tenían que ser muy distintos de los suyos. Mis mejores amigos en Marruecos habían sido un niño judío, que vivía en el piso de abajo, y un morito, que no sé donde vivía, pero al que nos encontrábamos siempre que salíamos a la calle. Pasaba con ellos mucho tiempo, correteábamos por todas partes y casi nadie me decía lo que tenía que hacer. Nunca he vuelto a tener la sensación de libertad y de seguridad que tenía entonces. Hablaba árabe, tan bien o mejor que el español y, aunque esto no lo recuerdo, pienso por lógica que al entrar en el colegio de los curas me debí de sentir tan cómodo como un marciano en Singapur.

Había en especial un niño, bastante más grande que yo, que ponía especial interés en amargarme la vida. Sigo sin comprender por qué a los demás les hacía tanta gracia, pero lo cierto es que no había nin-

---

[4] El título de este libro lo saqué de un proverbio chino: "la mejor manera de evitar que un tigre te devore es montarte sobre él". Es parecido a nuestro castizo "agarrar al toro por los cuernos", pero da mucha más impresión de sabiduría. *Cabalgar el tigre: Un curso para triunfar sobre las dificultades de la vida* (www.Psiquis.com) es un manual realizado con el patrocinio de la Asociación Española de Psicoterapia, que describe de manera operativa y accesible un método en siete fases para la superación de situaciones críticas. Un resumen de éste se incluye en el libro *Síndromes de estrés* (Síntesis, 2010).

guno que me ayudara, ni siquiera que me mostrara simpatía. Debió de durar años la cosa, hasta que un día, subiendo en fila las escaleras del patio hacia la clase, mientras el niño malo me daba patadas y los de alrededor se reían, me salió de dentro una decisión que todavía me da miedo. No fue nada pensado, ni tampoco fue un arrebato, sólo sentí la convicción de que sabía lo que tenía que hacer. Justo cuando estábamos llegando al rellano, me volví despacio, lo agarré del cuello y salté sobre él. Caímos los dos, primero rodando varias escaleras y después por encima de la barandilla hasta el patio. Los curas, que hasta entonces no se habían enterado de que tenían un problema, llegaron sobresaltados a levantarnos. Aunque milagrosamente salimos los dos del incidente sin mayores lesiones, hubiera podido matar a aquel niño que, por cierto, nunca más volvió a molestarme. Tardé tiempo en decidir qué nombre poner al sentimiento que tuve aquel día, pero temo que se llama fría furia asesina. Por supuesto que no estoy nada contento con mi solución de esta crisis que, aparte de ser totalmente irracional, no encajaba con mi normal forma de ser. Desde entonces, he sido prácticamente incapaz de enfadarme nunca con nadie, aunque he consumido varios años de psicoanálisis didáctico intentando acostumbrarme a mi propia agresividad.

Sabiendo lo que sé ahora, está claro que la situación estaba llegando a un punto insoportable, en el que algo iba a acabar por romperse. Hubiera podido ser mi alma. Si hubiera aceptado que el mundo es así, un lugar donde las bestias imponen su ley, para regocijo de insensatos, ante la inoperancia de seres que aseguran que su vocación es educar a los niños, entonces ya nunca hubiera podido creer en la vida. Comprendo claramente que, ante la alternativa, decidí romper el mundo que estaba a punto de aceptar. Puedo asegurar de primera mano que entiendo que haya niños suicidas y homicidas. Cuando la tensión interna en una situación crítica aumenta sin encontrar una salida razonable, acaban por ocurrir explosiones de consecuencias horribles. La conclusión es que no se puede dejar a un niño abandonado a su suerte, en un entorno sin empatía ni consideración. Más aún, no se puede permitir que en un grupo de niños se desarrollen las condiciones que hacen posible este tipo de situaciones. Es cierto también que, desde pequeños, tenemos que aprender a modular nuestras emociones y expresarlas de forma efectiva y no destructiva. En *El maltrato psicológico* trato el tema del *bullying* o acoso escolar, que parece que acaba de descubrirse, pero que ha existido siempre. Lo que es ahora nuevo, y me parece muy bien, es la creciente sensibilidad de los educadores, que se están convenciendo de que no se trata de "cosas de niños", sino de un problema que tienen obligación de resolver. Enseñar convivencia y responsabilidad democrática –es decir, que todos los miembros de un grupo tomen conciencia de los problemas de los demás– es más importante que enseñar matemáticas o geografía, por poner algún ejemplo. Volveré sobre el tema de la agresividad como recurso último ante opresiones insoportables al tratar de las crisis internas, pero vaya por delante este avance.

Cuando tenía quince años, mi padre volvió a vivir con nosotros y he tenido desde entonces la fortuna de tenerle siempre cerca. No es que me fuera fácil la reorganización familiar al principio, pero enseguida me resultó un gran alivio dejar de ser "el hombre de la casa". Una de las muchas cosas por las que le estoy agradecido es por su apoyo cada vez que quería irme a algún sitio, cosa que ponía a mi madre de los nervios. Pronto empecé a viajar, primero cortos viajes de estudios, a Francia, Suiza, Alemania, Inglaterra y, cuando acabé la carrera, a Montreal, que fue donde me especialicé en psiquiatría y psicoanálisis. También he vivido en Toronto, en Nueva York, en el País Vasco y en las Islas Canarias. Todos estos desplazamientos, junto con otros cortos a muchos sitios, el más lejano al río Mekong, me han ayudado a ver la vida desde inusuales puntos de vista. También sé lo que es sentirse desarraigado y desamparado, algo que a mí nunca me ha parecido un trauma grave, aunque comprendo que a mucha gente le moleste. El estrés de las migraciones es uno de los temas que trataremos en el capítulo sobre crisis externas, pero ahora quiero mencionar otra idea, que ampliaré en su momento: el viaje como generador de crisis creativas. "El camino más corto para conocerse a sí mismo es dar la vuelta al Mundo", dijo von Keyserling, un filósofo alemán que, efectivamente, dio varias veces la vuelta al mundo y dejó varios libros escritos sobre lo que pensó en sus viajes, más que sobre lo que vio en ellos.

Volviendo a seguir el hilo de mis crisis –y de momento ésta es la última– tengo que mencionar la experiencia de mi divorcio, en la que descubrí con sorpresa lo insoportable que es perder a los hijos. Esa tragedia, ante la que todas las mujeres están vacunadas por instinto, suele coger a los hombres totalmente desprevenidos. Gracias a ella pude comprender mejor lo que debió pasar mi padre, a quien ahora aprecio más por las pocas veces que estuvo conmigo cuando más lo necesitaba. Ésta es, incidentalmente, una buena idea: fijarnos en lo que tenemos, aunque sea poco, mejor que dar vueltas a lo que no tenemos. La mente se va formando con el alimento que le damos y el rencor es tóxico, mientras que la gratitud es una panacea. Por eso, cuando miramos al pasado, debemos concentrarnos en lo que hemos tenido, en todas nuestras experiencias positivas, en todos los momentos en los que nos hemos sentido bien. Nos volvemos como pensamos y, si nos obsesionamos con nuestros fallos y carencias, cada vez tendremos más. Por la misma razón, cuando miramos al futuro es mejor centrarse en lo que uno quiere, en cómo uno quiere ser y en cómo uno quiere construir su vida. Es un error fijarnos en nuestros temores y en todas las horribles cosas que pueden pasarnos.

Mi primera mujer, con quien me casé muy enamorado, era una buena hija, una buena madre y una buena esposa, por ese orden. Siendo hijo único, y además engreído, no supe soportar estar en tercer lugar, que es un lugar muy bueno, después de todo. Ésta es, con diferencia, la crisis de mi vida que peor he llevado y la que más me ha costado superar. Por supuesto, me he vuelto a casar, he tenido más hijos y mantengo buena relación con los mayores, pero no estoy nada seguro de ser un experto en el tema. Hemos pasado de un tiempo en el que la solidez de la familia ni se discutía –mis propios padres vivieron separados diez años y luego volvieron a juntarse, hasta hoy– a otro en el que es casi excepcional, salvo enfermedad o accidente, que sea la muerte quien separe a las parejas. Creo que hay mucho que hacer en cuestión de preparación prematrimonial, o quizá, simplemente, de preparación para la vida. La mayoría de las personas no sabe cómo compartir su vida con otra y todavía mucho menos como separarse sin acritud. Lo que sí es cierto es que si mi primera crisis me puso en contacto con el desconcierto y el miedo y la segunda lo hizo con la agresividad y la rabia, ésta última me hizo entender lo que es la pena y la pérdida. Por supuesto, las Crisis del Amor no son tan terribles ni complicadas. Algunas tienen muy fácil (relativamente hablando) solución.

Hace poco, una amiga mía me llamó para decirme que iba a renunciar a su participación en un proyecto común. No podía afrontar más su trabajo, ni casi su vida. Su novio de varios años había roto bruscamente la relación y, desde entonces, no podía dormir, ni concentrarse, ni dejar de llorar. Después de hablar durante un par de horas, decidió volver al proyecto, dejó de llorar y está razonablemente feliz y efectiva desde entonces. ¿Qué fue lo que hice? Simplemente guiarla suavemente a través del proceso de Superación de las Crisis (capítulo 8). Es justo decir que mi amiga está muy adelantada en su desarrollo personal y es una excelente colaboradora, lo cual hizo muy fácil mi tarea. Como veremos un poco más adelante, cuando nos apliquemos a definir las crisis, su esencia es, precisamente, esa: que nos ofrece posibilidades muy próximas, cada una de las cuales conduce a resultados muy diferentes. Como las opciones en litigio están inicialmente tan cercanas, una pequeña ayuda en el momento oportuno puede inclinar la balanza en la dirección más constructiva, evitando así el desastre. La Intervención en Crisis es un método o enfoque preventivo y terapéutico basado en este principio, de gran interés para la salud mental.

Voy a terminar de explicar la influencia de mi biografía en la génesis de este libro con otro pequeño dato, éste ya nada crítico. Desde pequeño quise ser médico, una vocación que tuvo su origen en dos factores independientes: uno, el gran entusiasmo que mostraban mi madre y mi abuela cada vez que nuestro médico de cabecera, el Dr. Manu Moreno, iba a venir a ver a mi abuelo o a mí, que éramos los únicos que nos poníamos enfermos. La emoción de esta expectativa me parecía muy lógica, teniendo en cuenta la admiración que toda la familia sentía por mi bisabuelo, el Dr. Justo Revuelta, de cuya vida y obra sanadora me tenían cumplidamente informado. No es de extrañar que quisiera ser como ellos. El otro factor que determinó mi elección de carrera fue el convencimiento, no sé de dónde lo saqué, de que a los médicos les enseñaban a comprender a los demás. Eso me interesaba enormemente, quizá porque yo no comprendía nada por aquél entonces. Luego resultó que en la Facultad de Medicina les importaba sobre todo que supiéramos cómo funciona el cuerpo humano, más que su mente. Tan empeñados estaban que acabé aplicándome a ello con tesón, aunque no tanto como a mis dos asignaturas favoritas, la Psicología Médica y la Psiquiatría. Sin embargo, fue estudiando fisiopatología como aprendí a razonar de una manera que Guy Saucier, mi maestro de Medicina en Canadá, llamaba "pensamiento médico". *Vous avez la "pensée medicale"*, me dijo entusiasmado un día, después de que yo hubiera tratado acertadamente a un enfermo particularmente difícil que ingresé durante la noche. Yo no me había dado cuenta de que pensara de ninguna manera especial, pero desde entonces le he dado algunas vueltas a la idea de Saucier, incluso he publicado un artículo sobre el tema[5]. Por resumir, podríamos describir esta manera de razonar como una forma de entender la lógica de la vida y aplicarla a todas las demás cuestiones. No es como el pensamiento matemático, ni tampoco sirve para llevar un negocio; no suele dar resultados exactos, pero es la mejor manera de guiarse en los asuntos realmente importantes, tales como saber quién eres, cómo querer

---

[5] "La ética del diagnóstico", *Psiquis*, 1996, 17:13-23.

y ser querido, cómo aliviar el sufrimiento y, sobre todo, cómo distinguir los problemas que no tienen solución y que es mejor dejar de lado, de aquellos que sí que la tienen y en los que hay que tomar una decisión. Escribí entonces un pequeño ensayo, que se ha perdido, sobre las "decisiones críticas", una idea que luego voy a desarrollar a lo largo de este libro. Básicamente, consiste en diferenciar entre las cosas que hacemos que dan exactamente igual, porque si hubiéramos hecho algo diferente los resultados hubieran sido los mismos o muy parecidos, y aquellas otras que marcan enormes diferencias, porque abren bifurcaciones a partir de las cuales cambia por completo el curso de nuestra vida. Las decisiones que se toman en las primeras circunstancias son, simplemente, decisiones. Las que se toman en las segundas son decisiones críticas. La pega está en que raramente nos damos cuenta de que estamos tomando una decisión crítica cuando la estamos tomando y muchas veces ni siquiera después, cuando ya las consecuencias son, o deberían ser, evidentes. Mi técnica de congelación activa, que ya he mencionado antes, permite posponer una decisión crítica hasta estar en condiciones de hacerlo con mayor conocimiento. La Intervención en la Crisis, de la que algo hablaremos, es un método terapéutico que ayuda a decidir en situaciones críticas en la mejor dirección posible.

Finalmente, al correr del tiempo, he acabado siendo profesor universitario y he tenido la fortuna de contar con excelentes alumnos. Algunos son tan buenos que han acabado siendo mis maestros, como Rodríguez-Pulido, que me introdujo en el pensamiento sociológico y en la comprensión política de la realidad, y Monterrey Yanes, que me enseñó que la vida es mucho más que sólo estudio. Por eso he incluido un capítulo sobre el estudio científico del cambio, con el que quiero rendir tributo a mis colaboradores, primero en la Universidad de Laguna y después en el Instituto de Psicoterapia e Investigación Psicosomática y en la Universidad Autónoma de Madrid.

Definiendo las crisis

Hay muchas definiciones de crisis. La mayoría de ellas se ocupan de la relación entre lo permanente y lo fugaz, y algunas, además, de la angustiosa vivencia del ser humano atrapado en esta disyuntiva. No he encontrado ninguna que me convenza totalmente, lo cual es una suerte, porque nos da la oportunidad de indagar directamente sobre el tema. Podría hacerlo solo y en secreto, y ofrecer en este libro mi conclusión final. También podría ir listando todas las opciones y dejar que cada cual elija la que más le guste. Como solución intermedia, propongo al lector que me acompañe en la aplicación de mi procedimiento epistemológico favorito, el método intuitivo-dialéctico[6], que tiene mucho que ver con la "razón vital", de la que ya hemos hablado en la introducción. De esta manera, en lugar de aceptar sin más algún concepto ajeno, procederemos a ir explorando la realidad, lo que nos permitirá elaborar conclusiones personales. Cuando sigamos razonamientos ajenos, procuraremos hacerlo desde dentro, es decir, siguiendo los pasos de su autor y comprobando si llegamos a sus mismas conclusiones.

Antes de seguir, tengo que recordar que, según advierte mi amigo José Guimón, definir un concepto no es siempre la mejor manera de acercarse a su contenido. Eso es cierto, porque, como sólo podemos

---

[6] Lo llamo intuitivo porque se inicia en percepciones directas y dialéctico porque progresa a través del contraste de contradicciones. Procede por fases: la primera es tener una experiencia que me intriga. La segunda, tratar de enterarme de las descripciones y conclusiones a las que han llegado otras personas que aseguran que saben del tema. La tercera, introducir variaciones imaginativas sobre lo que creo ir comprendiendo y comprobar si guardan coherencia con el asunto principal. La cuarta, contrastar mis formulaciones preliminares con otras ideas próximas y comprobar lo que tienen en común y en qué difieren. Cuando me parece que tengo suficientemente comprendida y vivida la experiencia en cuestión, en caso de que me queden ganas de seguir pensando, busco otro concepto que entre con ella en total contradicción, para tener así una antítesis que me obligue a ampliar mi construcción de la realidad.

definir lo que ya sabemos, cuando empezamos a indagar sobre una cuestión no estamos aún en condiciones de definirla. Una vez que lo hacemos, estamos expresando, junto con la definición, la convicción de que ya tenemos razonablemente dominado el tema. Dicho en términos de la Teoría de la Comunicación, toda definición tiene un mensaje, que es su contenido o formulación y un metamensaje, que es la satisfacción con un esfuerzo intelectual que damos por concluido. A partir de ahí, ya es inevitable sentirse comprometido con la definición, lo cual es una muestra de lealtad a nosotros mismos, pero también una renuncia a ampliar nuestro conocimiento. Siguiendo una actitud muy humana, es fácil que nos resistamos a admitir toda excepción u observación que invalide o muestre la insuficiencia de nuestra posición. Así, lo que empezó como una sincera búsqueda de la verdad puede acabar atrofiándose en dogmatismo.

Renunciar a definiciones prematuras permite mantener un estado de duda e ignorancia que, según Sócrates, es indicador de sabiduría. Su famosa frase "sólo sé que no sé nada" requiere explicación, porque Sócrates sabía perfectamente que él era un sabio. Pero, además de ser infatigable en la búsqueda de la verdad, le gustaba salir ganando en los debates, a los que eran tan aficionados los griegos de su tiempo. Esto le hizo tener serios problemas con los sofistas, grandes especialistas en el *método erístico* o uso deliberado de argumentos falsos y trucos retóricos para salir victoriosos de cualquier tipo de discusión. Así que Sócrates inventó un nuevo método de diálogo que llamó *elencus* o refutación, un ingenioso sistema de preguntas sucesivas lógicamente encadenadas entre sí, cada una de las cuales iba llevando progresivamente al contrario hasta un punto en el que tenía que acabar admitiendo su error. Hacerse pasar por un ignorante era un truco, ahora conocido como *ironía socrática*, que le permitía iniciar el *diálogo socrático* desde cero. Eso es lo que vamos a hacer ahora.

1.1. ¿Qué es una crisis?

Empecemos por responder a esta pregunta de manera intuitiva directa, recurriendo a nuestros recuerdos personales, o dejando que nuestra imaginación elabore una fantasía, da igual la que sea, con tal de que se ajuste a la siguiente descripción general:

Todo funciona con naturalidad, precisión y transparencia. Cada cosa está en su sitio. Los acontecimientos encajan unos con otros de

*manera suave y predecible. Vemos transcurrir la situación con abso-
luta serenidad, siguiendo un plan coherente, que entendemos perfectamente. De repente, nos damos cuenta de que algo ha cambiado. De
manera imperceptible entramos en un mundo totalmente diferente, en
el que todo parece funcionar según reglas distintas. Nuestro entorno
no nos responde y nuestras reacciones están fuera de lugar. Las dinámicas, antes tan bien encajadas, han dejado de ser fluidas. Las incon-
gruencias se acumulan. Nada tiene sentido. Descubrimos con pavor
que hemos perdido el control de la situación y que no tenemos ni idea
de cómo recuperarlo.*

Ahora que ya tenemos una vivencia personal de crisis, podemos
continuar indagando de una manera más teórica y racional. Primero,
consideraremos un fenómeno físico general de ocurrencias y transformaciones que transcurren a lo largo del tiempo y que constituyen
un proceso. La caída de una piedra, el crecimiento de un árbol o la
vida humana son procesos. En todo proceso hay movimiento y, por
lo tanto, una sucesión de estados. Entre cada estado hay un punto de
cambio, la inmensa mayoría de los cuales no tiene, individualmente
considerado, gran importancia en la dinámica general. Sólo son jalo-
nes de una misma continuidad. Sin embargo, en algún momento,
espontáneamente o en relación con alguna circunstancia externa,
ocurre algo esencialmente diferente a lo que estaba pasando hasta
entonces. A ese momento o circunstancia lo llamaremos "crítico", porque marca esa ruptura con la continuidad a la que llamamos crisis.

Este fenómeno está tan presente en todos los órdenes de la naturaleza que podemos deducir de él un Principio General: todos los procesos
continuos pueden volverse, en algún momento, discontinuos. El agua
puede estar más fría o más caliente, pero hay un punto a partir del cual
se transforma en roca y otro en el que se convierte en nube. Nadie diría
que el hielo y el vapor son la misma cosa, y la verdad es que no lo son,
porque entre los tres estados del agua hay dos cambios críticos.

*Crisis es una interrupción en la continuidad de un proceso, a partir
de la cual, si éste prosigue, lo hace de manera diferente a como lo
había hecho hasta entonces.*

La vida cotidiana está llena de ejemplos similares en los que, a partir de determinado momento crítico, tienen lugar transformaciones sorprendentes. De un día para otro, un gusano desaparece y sale volando
una mariposa. En un solo verano, una niña traviesa se convierte en

una digna mujercita. En menos de un año, un profesional brillante y respetado acaba reducido a las miserias del paro. En un instante, cientos de vidas son truncadas por la explosión de un artefacto terrorista.

Aunque puede parecerlo, la ocurrencia de la crisis no es totalmente aleatoria, sino que depende del estado del sistema en que se produce. Decimos que un sistema es muy estable cuando grandes fuerzas aplicadas sobre él producen cambios muy pequeños. Inversamente, diremos que un sistema es inestable o que está en estado crítico cuando pequeñas influencias pueden producir grandes efectos. El cerebro humano funciona gracias a la interacción de muchos sistemas inestables y, si se mantiene en equilibrio, es porque esos sistemas se compensan entre sí. Un pequeñísimo cambio en unas conexiones neuronales puede traducirse en una idea genial o en un gesto heroico o en desconcertantes disparates. Paradójicamente, cuando muchas estructuras cerebrales funcionan de manera regular y al mismo ritmo se produce una crisis epiléptica. La inestabilidad natural del sistema cerebral se pone de manifiesto cuando se inhibe la interacción entre procesos compensadores.

En los momentos de inestabilidad de un sistema es cuando mayor es el riesgo de disrupción y, al mismo tiempo, mayores son las posibilidades de reorganización y cambio de sus estructuras internas.

Crisis es una condición inestable, que se presenta en el curso de un proceso, y cuya forma de resolución condiciona y modula la continuidad del mismo.

Etimológicamente, el origen de la palabra *crisis*[7], se remonta a la raíz sánscrita *skibh-*, que significa cortar, separar, diferenciar. La deriva lingüística que se ha ido produciendo a lo largo de los siglos sigue manteniendo una relación apropiada entre el uso actual y sus orígenes. En una crisis hay siempre un antes y un después, un corte que marca diferencias significativas entre dos segmentos de una misma línea vital.

En la Antigua Grecia, *krisis* adquirió el significado de decisión, que se conserva en la palabra latina crisis, directamente transferida al castellano. El médico griego Hipócrates utilizaba el término para designar *"un momento en el curso de una enfermedad en el que se produce un cambio crucial y grave, a partir del cual el paciente mejora*

---

[7] *Diccionario etimológico de Corominas*, Editorial Gredos.

o empeora dramáticamente". De ahí que se sigan empleando expresiones como "la enfermedad está haciendo crisis", aunque la moderna terapéutica procura intervenir antes, abortando las crisis sin que lleguen a expresarse.

El actual diccionario de la Real Academia Española conserva la acepción hipocrática y añade, además, otras derivaciones de significado más amplio como, por ejemplo, *"momento decisivo en un negocio grave y de consecuencias importantes"*.

En el ámbito humano, lo primero que llama la atención de las crisis es la vivencia de cambio que las acompaña, generalmente en tiempo presente. En ocasiones, esta vivencia puede ser una anticipación de acontecimientos inminentes o amenazantes, o un recuerdo de situaciones pasadas que han quedado atrapadas en la memoria en espera de solución.

En segundo lugar, se trata siempre de un cambio para el que no estamos preparados, porque, si lo estuviéramos, no sería una crisis, sino sólo una transición más o menos fluida. De ahí la importancia de las técnicas de *briefing*, preparación previa para enfrentarse con situaciones traumáticas y difíciles. Su objetivo es, precisamente, ese: desactivar la crisis eliminando, en la medida de lo posible, el factor sorpresa que las caracteriza.

Un anestesista llamado Egbert fue el primero en comprobar los efectos del *briefing* en pacientes ingresados en un hospital para intervención quirúrgica. De manera aleatoria, realizó una historia clínica estándar a la mitad de los que visitó el día antes de la operación, lo que se llama la "consulta de pre-anestesia". A la otra mitad, además de hacerles la historia estándar, les explicó brevemente el proceso de anestesia, cómo era la sala de recuperación en la que se iban a despertar, las molestias que iban y tener y cómo esas molestias iban a ser transitorias y se irían aliviando en pocas horas. Este procedimiento, meramente informativo, alargaba unos diez minutos la entrevista clínica estándar. Sorprendentemente, con independencia del tipo de intervención, los pacientes con "mentalización prequirúrgica" estuvieron menos tiempo en el hospital, tuvieron menos complicaciones y, en general, se recuperaron mejor que los que entraron al quirófano sin información previa precisa de lo que iba a pasar. La explicación es que la descripción anticipada de cómo iba a ser la experiencia postanestésica preparó a los enfermos para reparar la ruptura de la continuidad y mejoró su capacidad de adaptación y recuperación, no sólo psicológica, sino también física. Esto es un buen ejemplo de cómo funcionan los procesos psicosomáticos. Por la misma razón, cuando una persona ha perdido el conocimiento por cualquier causa, es muy importante decirle con suavidad, cuando despierta, donde está y qué es lo que le ha pasado. La información llena el hueco en la vivencia directa, atenúa una de las consecuencias de la crisis y, en consecuencia, hace que sus efectos sean menores y más manejables.

En tercer lugar, una crisis no puede ser, por su esencia, permanente. Tiene que tener una conclusión, un desenlace. Si la pregunta inmediata ante la sorpresa de la crisis es ¿qué está pasando?, pronto le sigue la segunda pregunta lógica ¿qué va a pasar? En los primeros momentos de una crisis típica no hay una respuesta concreta, pero sí está claro que va a pasar algo y pronto. Por eso se asocia con una sensación de urgencia, que puede convertirse en angustia. En el mejor de los casos, la crisis consigue conjuntar todas las energías del individuo en una acción apropiada. En el peor, se instala la parálisis, el bloqueo y la indecisión.

El cuarto factor de las crisis humanas, después de la vivencia de interrupción incontrolable y fugaz, es la percepción de que nos encontramos en una encrucijada vital que implica un riesgo. Eso quiere decir que no es seguro que las cosas sigan como antes, pero que no todo inevitablemente tiene que ir mal (lo cual sería una desgracia, pero no un riesgo). Hay posibilidades de que las cosas salgan bien, incluso de que mejoren. A partir de una crisis se abren caminos diferentes y algunos tienen que ser más convenientes que otros. Por eso, tan pronto como somos conscientes de que estamos en medio de una crisis, sentimos la necesidad de hacer algo. Si somos lo bastante listos, nos daremos también cuenta de que nuestra acción va a influir, en parte, en cómo salgan las cosas después. Por eso en las situaciones críticas hay presión de intervención, inquietud y aumento del estado de alerta; necesitamos soluciones rápidas para salir de ella en la dirección más favorable.

Resumiendo, hemos encontrado ya cuatro aspectos básicos del concepto de crisis: es un cambio, inesperado, fugaz y arriesgado.

La asociación subjetiva de las crisis con sentimientos de sufrimiento y peligro no hace justicia a las oportunidades que abre: siempre es posible que uno de sus posibles desenlaces favorables sea mejor que la mera continuación del estado anterior. Una de las consecuencias de la interrupción inesperada y brusca de una situación estable es que la necesidad obligue a crear otra que acabe siendo mejor estructurada y de mejor futuro.

Los chinos, que son muy sabios, tienen asumido este importante matiz en el uso cotidiano de su idioma. Su palabra para crisis se pronuncia *Weiji* y se escribe con dos caracteres: *wei*, que indica peligro y *ji*, que, en este caso, significa espacio abierto u oportunidad[8]:

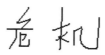

Crisis = peligro + oportunidad

Tabla 2
Salidas de una crisis

1.2. Las crisis en la cultura

Nuestra cultura occidental también tiene en cuenta el doble filo de la crisis, aunque no de manera tan contundente como los orientales. Muchos análisis históricos y muchas creaciones literarias rinden culto al poder de las crisis, glosando las consecuencias que lo acertado o desacertado de su gestión tiene para sus protagonistas. Shakespeare enuncia bellamente este concepto en su obra *Julio César*, poniendo en boca de Bruto las siguientes palabras:

> *Hay una marea en los asuntos humanos que, si se toma en la plea-mar, lleva a la fortuna, pero, si se pierde, deja toda la travesía de la vida encallada en bajíos y miserias.*[9]

La tormenta desencadenada por el asesinato de Julio César hizo temblar al Imperio Romano. Todos los conspiradores, entre ellos el propio Bruto y el famoso Cicerón, murieron en esta crisis. Sin embargo, Marco Antonio, lugarteniente e íntimo amigo de César, de

---

[8] Agradezco a Paloma Fadón Salazar, experta en caligrafía china, esta aclaración.

[9] William Shakespeare, *Julio César*, Acto IV, Escena III. La traducción es mía.

quien cabría esperar que fuera el principal perjudicado, demostró tal maestría en el manejo de la crisis que logró alzarse con el máximo poder del Imperio. Recomiendo a los expertos interesados en la Comunicación en la Crisis releer su discurso tras la muerte de César, que empieza con las inocentes palabras

> *Amigos romanos, prestarme oídos... No vengo a alabar al César, sino a enterrarlo...*

y termina con una elocuente e inesperada arenga a la rebelión del pueblo contra los conspiradores.

Otra crisis famosa es la expulsión de Rodrigo Díaz de Vivar de las tierras de Castilla, gracias a la cual pasó de exiliado perseguido a Cid Campeador, el Señor de las Batallas de la España Medieval. Podríamos citar muchas más, pero ya es suficiente para enunciar la primera ley de gestión de las crisis.

Primera ley de la gestión de las crisis: el grado de acierto de la acción en un momento de crisis marca la diferencia entre la desgracia y la fortuna, entre la salud y la enfermedad, entre el progreso y el estancamiento personal.

Un corolario bastante evidente de esta ley es que vale más estar preparado, entrenado y mentalizado para las situaciones de crisis que ignorar su existencia. El héroe es un individuo especial que revela la magnitud de su carácter en estas situaciones, pero todo el mundo puede desarrollar sus capacidades de prever, detectar, evaluar e intervenir acertadamente en ellas.

Naturalmente, no siempre podemos ser eficaces, ni siquiera efectivos, en una crisis. A veces, podemos estar en medio de una muy gorda sin ni siquiera ser conscientes de ello. Las crisis humanas vienen en todos los tamaños, desde el más estrictamente individual hasta el más Universal. Nuestro poder personal sobre la crisis va disminuyendo en proporción directa a su extensión. En su "Esquema de las Crisis"[10], Ortega y Gasset distingue entre los pequeños cambios que tienen lugar en el relevo normal entre generaciones y el extraordinario "cambio de mundo" que se produce cuando el sistema de convicciones de la

---

[10] J. Ortega y Gasset, "Esquema de las Crisis", *Revista de Occidente*, 1942.

generación anterior deja de ser operativo en la siguiente. Ésta es su definición de crisis histórica, que es tanto como decir una crisis generalizada para todos los habitantes de una época:

Llamamos Crisis Histórica a un estado vital en el que el Hombre se queda sin convicciones, porque ya no puede aceptar las anteriormente vigentes, pero todavía no ha desarrollado otras nuevas.

Leyendo los estudios y conclusiones de Ortega sobre la crisis del Imperio Romano, la del Renacimiento y la que él barruntaba en 1930 –más o menos la fecha en que escribe el libro– no podemos evitar llegar a la conclusión de que estamos muy probablemente viviendo tiempos de crisis. Sin embargo, también hay que tener en cuenta que la velocidad de cambio y el nivel de información que disfrutamos (o sufrimos) en los últimos años es muy superior al disponible en cualquier otro momento de la historia. El relevo de generaciones ya no se efectúa de una a la siguiente, como en tiempos de Ortega. Ahora pueden convivir varias al mismo tiempo, sin que ninguna ceda fácilmente el control a las demás. El enorme y precoz acceso al conocimiento ha ido formando sustratos de convicciones que alimentan a generaciones cada vez más jóvenes. El incremento de la longevidad útil está retrasando la vejez por encima de los ochenta años. La edad del adulto joven se extiende ahora desde los 25 hasta bien pasados los cuarenta años. Segundos y hasta terceros matrimonios se están convirtiendo en la regla, más que en la excepción. La opinión pública, más o menos manipulada por los medios de comunicación, tiene hoy mayor influencia que el más férreo dictador de hace cincuenta años.

Después de todas estas consideraciones, tenemos que volver a pensar si realmente estamos viviendo una crisis histórica, en el sentido de Ortega. Tal vez, al revés, lo que ocurre es que la crisis –el cambio brusco y sustancial– se ha convertido en la esencia misma de la vida. El problema actual no es tanto la ausencia de convicciones como su abundancia y su diversidad. Bien es verdad que la mayoría de ellas, y los modos de vida que las acompañan, sorprenden tanto por su banalidad como por lo fácilmente que pueden ser desechadas. En cierta forma, puede que no sean verdaderas convicciones, sino simples imposturas, pretensiones falsas que, a falta de creencias mejores y más auténticas, adoptamos para disimular la desesperación del vacío. También es cierto que están presentes muchos de los criterios de Ortega para el diagnóstico de crisis, histórica dice él, pero podríamos mejor llamarla social, cultural o quizá socio-cultural. Los pongo ligeramente modificados para actualizarlos en la siguiente tabla.

Tabla 3
Criterios de la crisis socio-cultural

1. El pálpito, *feeling* o vibraciones, sensación difusa socialmente generalizada de que esto no puede seguir así, de que algo va a pasar, de que las cosas tienen que cambiar.
2. La convicción negativa. No sabemos cómo son las cosas, pero estamos seguros de que tienen que ser de otra manera.
3. Desorientación, angustia, frialdad escéptica, desesperación... Todo menos entusiasmo, confianza, optimismo, generosidad.
4. El predominio del hombre de imagen, con desprecio de los intelectuales, pensadores y otras personas auténticas.

El único punto en el que discrepo un poco de Ortega es en el último, por eso lo he modificado, sin alterar del todo su sentido. Ortega decía aquí "predominio del hombre de acción", lo cual podía ser cierto en 1930, justo en la época de los fascismos y sus guerras. Pero ahora no es hombre de acción el que predomina, sino los famosos y famosillos, ejemplares de inacción y pretensión. En nuestra cultura de imagen y comunicación de masas la importancia la da ser televisto o aparecer en revistas especializadas en cotilleos. Cualquier líder a la moda cuida más su imagen que su pensamiento.

Las crisis psicológicas

Volviendo a centrar nuestro enfoque en el sujeto individual, tendremos ahora que ocuparnos de cómo se siente una crisis desde dentro, especialmente en aquellos casos en los que la vivencia puede ser tan intensa y desconcertante como para amenazar con tener consecuencias patológicas. Gerald Caplan, fundador de la psiquiatría comunitaria, fue el primero en destacar el enorme riesgo para la salud que significan las crisis. Sus estudios han contribuido enormemente al desarrollo de las psicoterapias breves focalizadas en la resolución de problemas y destinadas a interrumpir las crisis antes de que tengan graves consecuencias. Desde este punto de vista clínico, Caplan aporta una definición operativa de las crisis:

*Un obstáculo que el sujeto encuentra en la consecución de metas
importantes y que no puede ser superado mediante sus estrategias
habituales de resolución de problemas.*

Las personas en crisis tienden a experimentar alteraciones de su
estado psicológico habitual ante dificultades que no consiguen compensar ni neutralizar. Después de los cuatro factores descubiertos en
secciones anteriores, llegamos ahora al quinto factor, que es el que
caracteriza psiquiátricamente la crisis: el fracaso de la capacidad
personal habitual de resolución de problemas ante una nueva situación. En estas condiciones, es fácil perder el equilibrio psicológico
y desarrollar toda suerte de alteraciones emocionales y de conductas
destructivas, arrastrados por la frustración de una situación imposible o de un problema irresoluble.

El gran descubrimiento de Caplan es que la incapacidad de una persona en crisis no es tan terrible como parece. Un mínimo apoyo en el
momento oportuno puede ser suficiente para inclinar la balanza hacia
el lado positivo y facilitar la satisfactoria resolución de la crisis. Sus ideas
han tenido gran influencia en psiquiatría preventiva, impulsando el diseño
de programas llamados de *intervención en crisis*, destinados a ayudar
a los individuos que están atravesando estas situaciones a desarrollar
rápidamente los recursos mentales necesarios para salir de ellas.

Al considerar el quinto factor, nos damos cuenta de que las circunstancias o situaciones disruptivas como tales no son suficientes para
constituir una crisis, sino que son las reacciones subjetivas del individuo ante ellas las que acaban de configurarlas.

Los cinco factores de la crisis:
1. Cambio en la situación habitual.
2. Inesperado, no previsto.
3. Brusco, breve y urgente.
4. Riesgo entre peligro y oportunidad.
5. Sensación subjetiva de impotencia.

Desde el punto de vista de la psicología y de la psiquiatría actuales, la crisis es una situación transitoria de estrés, cuya resolución
requiere una decisión estructurante y en la que el sujeto tiene clara conciencia de la insuficiencia de sus recursos habituales para afrontar la
tarea crítica. La intervención en la crisis es necesaria cuando esta dis-
paridad genera sentimientos de impotencia y alteraciones emocionales
severas o difíciles de controlar.

1.3. El factor existencial

Nos queda una última consideración subjetiva, un poco más amplia que la anterior. La moderna psicología se olvida casi siempre de que cada ser humano concreto tiene que encontrar su posicionamiento ante el misterio de su existencia. De la misma manera que todo lo que funciona en el mundo material acaba rompiéndose, todo proceso continuo puede entrar en períodos de discontinuidad. Lo normal no es que las cosas sigan siempre como están, sino que cambien. Si esto es así, ¿por qué somos tan reacios a reconocer que la vida es inestable, insegura, impredecible? Obviamente, porque nos produce una angustia enorme poner en duda la continuidad de nuestra existencia. Los seres humanos necesitamos creer que somos permanentes y, por eso, buscamos una lógica interna en nuestras vidas, de tal manera que podamos entender su desarrollo y prever su curso. El sentido de la vida viene dado por esta lógica interna y, como han demostrado muchos psiquiatras[11], una vida sin sentido conduce a la desesperación. Cada persona fabrica sus propias continuidades y sentidos; la vida social es una ampliación extraindividual de esta tendencia. Por eso, toda cultura humana empieza con el culto a los antepasados, a nuestros antecesores, con la esperanza de mantenernos así en medio de una línea que continuarán nuestros descendientes.

Crisis es una experiencia puntual que fuerza al individuo a reconsiderar, en un plazo breve de tiempo, el sentido de su vida.

En términos de desarrollo personal, la experiencia de continuidad es la vivencia estructurante básica, que precede a todas las demás y que es necesaria para que podamos vivir otras cosas, entre ellas el cambio. Por eso, una vez que nuestro sentido de continuidad está razonablemente consolidado, tendemos a ignorar todo lo nuevo, especialmente lo que es inesperado y disruptivo. Al menos, lo intentamos mientras podemos hacerlo. La conciencia personal se va construyendo gracias al descubrimiento de que, en medio de cambios, rupturas y separaciones, algo permanece constante. La percepción de sí mismo como ser autónomo, con identidad y existencia propia, es posible gracias a la construcción de un núcleo mental que nos parece no haber

---

[11] Sobre todo, Victor Frankl y, antes que él, pero de una manera menos dramática, Carlos Gustavo Jung.

cambiado desde que nacimos. Por eso yo me llamo ahora igual que cuando me bautizaron y estoy convencido de ser la misma persona que era entonces. Este proceso se llama construcción de una línea de vida o de una historia personal y es lo que nos permite recordarnos y reconocernos a nosotros mismos a lo largo del tiempo.

Las crisis son fenómenos normales de la vida ordinaria. Se acompañan siempre de una percepción de cambio, de una vivencia de exigencia y de un esfuerzo por adaptarse a las nuevas circunstancias. El sufrimiento que se experimenta durante una crisis revela la lucha interna entre la parte de la personalidad adaptada a las viejas circunstancias y la que tenemos que construir para adaptarnos a las nuevas, hasta lograr una forma de ser que nos permita seguir viviendo nuestra vida en un mundo que la crisis ha cambiado. El éxito en este esfuerzo favorece el desarrollo y la integración de la personalidad. El fracaso lleva a la desestructuración y a la desesperación. De ahí, desde el punto de vista existencial, el riesgo y la potencialidad creativa de las crisis.

En la situación óptima, la aposición progresiva de vivencias personales asegura la continuidad psíquica, la unificación de la consciencia y la constitución de una identidad autodefinitoria, cuyo núcleo conseguimos mantener constante a lo largo de toda la vida, a pesar de que el resto esté en continuo proceso de cambio. La sensación de ruptura de la continuidad psíquica es el más insidioso y desconcertante de los efectos subjetivos de las crisis. Es también el más importante, porque nos obliga a reconstruir una nueva visión de la realidad, a desarrollar nuevas habilidades y a descubrir en nosotros mismos fuerzas y capacidades que hasta ese momento nos eran desconocidas o estaban desaprovechadas. Como los dolores de crecimiento de los niños, el sufrimiento que acompaña a la crisis es señal de estar en pleno desarrollo psicológico. La sensación de urgencia, la perentoria llamada a la acción y la necesidad de tomar una decisión rápida sin estar debidamente preparados añaden tensión y dificultad a la crisis y, al mismo tiempo, obligan a enfrentarse a ella de manera activa y total.

La vivencia de discontinuidad puede zanjarse de varias maneras, que representan diferentes intentos de reparar la ruptura en la biografía personal. El mundo se ve distinto después de una crisis y una persona puede encontrarse mejor o peor que antes, dependiendo de sus recursos, sus habilidades y su aprovechamiento de los apoyos con los que haya podido contar. Ante una agresión o un maltrato podemos volvernos víctimas temerosas e indefensas de un mundo peligroso o podemos tomar una acción afirmativa que fortalezca nuestra seguridad y mejore la confianza en nuestra capacidad de control emocional. La persistencia de la vivencia de discontinuidad indica el fracaso en la construcción interna de una nueva realidad, dejando al sujeto sin opciones en un momento en el que la realidad anteriormente vigente ya no es válida. Si ante la necesidad de resolver una crisis, se da como solución la negativa a hacerlo, se está fracasando en la tarea que la crisis plantea. Una vida quebrada de esta manera deja de ser interesante y conduce a la desesperación. Como resulta que las experiencias de ruptura en la continuidad vital son inevitables, tenemos que aprender a respetarlas y a incorporarlas como componentes de nuestra línea de vida.

1.4. Las emociones en las crisis

El proceso de integración de vivencias críticas es inevitablemente doloroso. Las emociones que lo acompañan expresan decisiones inconscientes para el enfrentamiento y la superación de la crisis. Las más frecuentes son el miedo, la angustia, la rabia y la depresión.

Las emociones como decisiones inconscientes:
- Miedo: hay que huir de algo concreto y conocido.
- Angustia: hay que huir de algo, pero no sabemos de qué.
- Rabia: hay que alejar algo de nosotros, sacarlo de nuestra vida.
- Irritabilidad: hay que alejar algo de nosotros, pero no sabemos qué.
- Depresión: no hay nada que tenga interés ni que merezca la pena.

Todas las emociones tienen un proceso de regulación, que las mantiene estables mientras dura la percepción de la causa que las produce. En un primer momento, esta percepción es automática y extraconsciente. Casi inmediatamente, empezamos a pensarla, a compararla con situaciones anteriores parecidas, a razonar sobre lo acertado de la decisión que nos propone. A continuación, tomamos medidas como, por ejemplo, no hacerle caso, actuar de acuerdo con ella, imponernos conscientemente otra decisión contraria o diferente, etc., etc.

Paula entra en el portal de su casa y percibe de reojo un bulto oscuro en la esquina del rellano. Su cuerpo se tensa, su corazón se acelera y siente miedo. Todavía no sabe a qué, ni por qué, pero alguna alarma automática ha saltado en su cerebro. Se acuerda de historias de atracos y violaciones en el barrio. En ese momento, puede que haga una de tres cosas:

    a) darse media vuelta y salir corriendo a la calle;

    b) seguir subiendo hacia el ascensor, como si nada;

    c) pararse y observar el bulto, sin cerrar la puerta.

En la solución a), está actuando directamente sobre lo que le dice su emoción. En la b) ha bloqueado la emoción, no la ha hecho ningún caso y, a menos que sea una experta en artes marciales, puede estar cometiendo un grave error. En la c) está ampliando deliberadamente su información, para poder así tomar la decisión más acertada. Supongamos que se queda en la puerta observando y ve que el bulto se incorpora y se dirige hacia ella. Parece un hombre, de perfil impreciso y rasgos desconocidos. Paula no espera más y decide rápidamente que la opción a) es la más correcta. En un segundo, ha dejado de ser una chica que vuelve feliz a su casa y se ha convertido en una posible víctima que huye con todas sus fuerzas. Puede que esté salvando su vida.

Crisis emocional es un cambio inesperado y brusco en la línea de vida o biografía personal que:

- Rompe la sensación de continuidad psíquica.
- Exige una intervención, decisión o transformación.
- Activa la reactividad emocional.
- Obliga a replantearse el sentido de la vida.
- Tiene consecuencias que pueden ser beneficiosas o perjudiciales.

Capítulo dos

Clasificación de las crisis emocionales

Las crisis se pueden clasificar dependiendo de si afectan a una o a muchas personas, de que su origen sea interno o externo al individuo que la sufre, según el área de la vida afectada (familiar, laboral, espiritual, vital o total...), o de que sean imprevisibles (accidentes y catástrofes) o previsibles (cambios entre las edades críticas de la vida o la muerte de un familiar largamente enfermo).

2.1. Sociología de las crisis

La extensión de una crisis puede ser tan amplia como para afectar a toda una población o tan limitada que afecte a un sólo individuo, pasando por las de extensión intermedia, como las que afectan a una familia o a un grupo concreto.

Tabla 4
Clasificación social de las crisis

Crisis	Generalizadas	Agudas
		Difusas
	Localizadas	De pareja
		Familiares
		Gremiales
		Laborales
		Institucionales
	Personales	Traumáticas
		De crecimiento
		De adaptación

Las causas de las crisis generalizadas agudas son relativamente objetivas y externas, como las catástrofes, inundaciones, terremotos y grandes atentados. Las disrupciones históricas o crisis socioculturales son crisis generalizadas difusas, producidas en el curso de la propia dinámica de las generaciones afectadas. Son éstas las circunstancias que ponen a prueba la calidad del liderazgo establecido y permiten la emergencia del héroe, entendido como el individuo que toma sobre sí la carga de los problemas de la comunidad. La focalización en temas concretos es el primer paso en la resolución de las crisis generalizadas.

Las crisis personales o privadas afectan a una persona particular, de manera relativamente independiente al acontecer sociocultural general. Los problemas que hay que resolver no afectan de manera central a la comunidad a la que pertenece el individuo, por lo que la respuesta de ésta es variable, desde no responder en absoluto hasta volcarse en su auxilio. Los servicios sanitarios de los estados modernos han tomado a su cargo, al menos en teoría, la intervención en crisis, con la esperanza de resolverlas a tiempo y prevenir así su evolución hacia trastornos psiquiátricos.

La separación entre crisis general y crisis personal a veces no es demasiado clara. Además de su impacto directo, las crisis sociales generalizadas alteran la regulación de las vidas individuales y favorecen la eclosión de numerosas crisis personales. Inversamente, una sociedad con fuertes estructuras de continuidad y de estabilidad minimiza las crisis individuales y facilita su resolución.

Las crisis previsibles están relacionadas con propiedades de la vida humana, las estructuras sociales en las que se desarrolla, los usos y costumbres de su tiempo y lugar, y el entorno cultural inmediato o dominante en que se integra. Naturalmente, cuanto mejor esté organizada una sociedad y cuanto mejor funcionen los mecanismos culturales de adaptación, menos intensas y menos disruptivas serán este tipo de crisis.

Las crisis derivadas de accidentes, acosos y traumas son personales, excepto cuando ocurren en el marco de una catástrofe y se convierten en múltiples casos concretos de una crisis generalizada aguda. Esta diferencia no tiene gran importancia a nivel individual de la persona afectada, pero sí lo tiene a escala social por tres razones:

1. El halo de la tragedia: se llama así a los efectos del suceso traumático en personas que no fueron directamente afectadas, pero que lo sufrieron de manera vicariante por identificación con los afectados o por su relación directa con alguno de ellos.

Ya he mencionado cómo, después del 11-S norteamericano, atendí a dos a pilotos europeos que desarrollaron síntomas de estrés postraumático al ponerse mentalmente en el lugar de sus colegas, a los que no conocían de nada, e imaginar que les podía haber ocurrido lo mismo a ellos. En el 11-M español hemos visto muchos casos de ansiedad, estrés y depresión en personas que estaban físicamente muy lejanas del lugar de los hechos, pero que tenían en él a familiares, amigos o conocidos. Algunas personas, tanto en Nueva York como en Madrid, desarrollaron sus síntomas no por el atentado en sí, sino por tomar conciencia de que tales cosas pueden ocurrir. Curiosamente, y esto forma parte del halo de la tragedia, es frecuente que muchos de los profesionales que participan en la atención a las víctimas de catástrofes acaben presentando, ellos mismos, síndromes de estrés.

2. La asistencia a las víctimas: la organización de los sistemas sanitarios se vuelve mucho más activa y generosa cuando se presenta una crisis generalizada aguda. Los responsables sanitarios toman conciencia clara de la necesidad de intervención y se esfuerzan en establecer dispositivos adicionales que complementen a los habituales. En un país moderno, es más fácil encontrar un profesional que te haga caso en medio de una tragedia colectiva concreta que cuando las causas de la crisis son totalmente privadas.

3. Los medios de comunicación: la cobertura de las crisis generalizadas agudas tiende a ser exhaustiva, repetitiva y centrada en los aspectos más morbosos e impactantes del suceso. Además de contribuir a generar nuevas víctimas, este tipo de periodismo tremendista descompensa a los afectados iniciales, reactivando continuamente sus vivencias traumáticas.

2.2. Topografía de las crisis

La presentación de una crisis emocional depende de una conjunción –o disyunción– peculiar entre las dinámicas del mundo que nos rodea y nuestra manera de funcionar en él. En algunos casos, la disrupción que da origen a la crisis ocurre fuera de nosotros, y hablaremos entonces de *crisis externas*; en otros, son los propios procesos internos del individuo los que han ido cambiando por sí mismos, con relativa independencia de su entorno, hasta dar el salto cualitativo que define una *crisis interna*. Finalmente, cambios externos relativamente poco importantes pueden entrar en disyunción con procesos internos no necesariamente anómalos o disruptivos en sí mismos, pero inadecuados a su nuevo ambiente. Éstas son las *crisis de adaptación*.

Tabla 5
Clasificación topográfica de las crisis emocionales

Crisis	Interna	Estructural
		Normativa
		Espiritual
	Externa	Traumática
		Cambio vital
		Coyuntural
	Mixta	Adaptativa

Las **crisis estructural**es son crisis personales cuyo origen tiene que ver, más que con las circunstancias externas, con una particular combinación de carácter y de oportunidad. Algunos individuos atraviesan de manera repetida crisis que parecen relacionadas con problemas de su entorno, pero que no afectan a nadie más que a ellos. Es como si las provocaran o las aprovecharan para ensayar en la vida real soluciones para los problemas que llevan en su interior. Independientemente de la forma que adopten, las crisis estructurales proceden de la propia organización de la personalidad del individuo, que tiene conflicto con dinámicas razonablemente fluidas para el sujeto normal. La personalidad predispuesta a las crisis puede tener su origen en el fracaso en la resolución de crisis normativas, en excesos, carencias o desequilibrios de su desarrollo y, a veces, en simple y pura mala educación, con desconocimiento de pautas apropiadas de conducta para consigo mismo y con los demás.

Las **crisis normativas**, descritas por Erik Erikson, son universales, en el sentido de que ocurren en todos los seres humanos y, al mismo tiempo, personales, en el sentido de que para cada individuo su vivencia de cambio es intransferible, consubstancial a su propio desarrollo psíquico. Cada ser humano nace con aptitudes, capacidades y tendencias que conforman su constelación genética, actualizada y modulada por las influencias de la educación y del medio ambiente. La maduración de la personalidad se efectúa por etapas, a través del dominio sucesivo de tareas psicológicas y sociales específicas a cada una de ellas. En realidad, es difícil encontrar personas que hayan triunfado o fracasado totalmente en alguna etapa del desarrollo, siendo lo normal que todo el mundo alcance un cierto grado de maestría en casi todas ellas. Erikson planteaba cada una de las crisis normativas como una oposición dinámica entre dos extremos: uno que representa la resolución óptima de la tarea crítica y otro que representa su fracaso total. Cada dinámica crítica permite al individuo moverse en un continuo entre esos dos extremos, más que quedarse atrapado en una dicotomía exacta. Por eso es posible recuperar "asignaturas pendientes", mejorando, con el tratamiento apropiado, el grado de superación de la crisis normativa en la que uno está relativamente atascado. La superación de cada crisis normativa se acompaña de la adquisición de una virtud o cualidad humana básica, una "fuerza interna o cualidad activa", como dice Erickson, rasgos de madurez que dan evidencia del grado de resolución de la tarea psicosocial correspondiente. El razonable éxito en cada tarea crítica en la edad apropiada se acompaña de la adquisición de la habilidad psíquica correspondiente y prepara al individuo para recorrer la siguiente fase de su desarrollo psicosocial. Inversamente, cada fallo relativo en una tarea crítica dificulta el tránsito por las etapas subsecuentes y va marcando al individuo con sentimientos negativos específicamente asociados con cada crisis incompleta. Por su importancia se les dedica un capítulo entero (el capítulo sexto) en esta obra.

Las **crisis espirituales**, a pesar de su anticuado nombre, son enormemente actuales. Podríamos llamarlas también crisis de convicciones o de compromiso psicológico, o de creencias, pero el término clásico sigue sirviendo bien para transmitir la idea básica del problema. Pueden clasificarse en tres grandes grupos:

1. *Negativas*. Las creencias y la adscripción a organizaciones de tipo ideológico, religioso e incluso deportivo, tienen un efecto protector sobre el sentimiento de continuidad personal. Cuando esto se pierde, porque las convicciones y vínculos internos se debilitan o porque entran en conflicto con otras dinámicas, se produce un estado de duda que puede llegar a la ruptura y rechazo de una parte importante de la identidad personal. Aparte del cambio que esto supone, el individuo se encuentra bruscamente desprotegido ante angustias y tensiones que antes

eran fácilmente superables con el apoyo de su ideología, afiliación o creencia.

2. *Positivas o de conversión.* Inversamente, una persona en situación de crisis externa, como por una pérdida familiar o por un fracaso de gran envergadura, o que se siente perdida por haber pasado una crisis espiritual negativa, puede sentirse bruscamente atraída por afiliaciones y creencias que antes le eran extrañas. Sin descartar la autenticidad de algunos casos, los individuos en esta situación son presa fácil de sectas y de movimientos más o menos sensatos, sobre todo si una cierta inmadurez los hace, además, proclives a crisis estructurales.

3. *Místicas o de revelación.* Conocidas desde hace mucho tiempo por descripciones de los místicos occidentales y de los gurús orientales, han sido estudiadas psicológicamente por Jung y Grof, entre otros. Este tercer tipo de crisis o "despertar espiritual" es de origen interno y sus manifestaciones pueden ser, a veces, alarmantes. Más que la adopción o rechazo de creencias, la causa de la crisis es una brusca entrada en contacto con aspectos del mundo interno desconocidos o reprimidos hasta ese momento, con acceso a modos de consciencia no habituales, también llamados en algunos contextos "transpersonales". La práctica prolongada de técnicas de meditación y el tratamiento con técnicas psicológicas de inducción de estados de conciencia (terapias ASCI) favorece la aparición de estas crisis de emergencia espiritual. Teóricamente, el propio proceso de la técnica meditativa o terapéutica va preparando al individuo para el adecuado afrontamiento y superación de estas crisis internas, que conducen a la progresiva regularización y optimización de la personalidad. Los efectos psicodislépticos de algunas drogas también pueden provocar experiencias de este tipo, lo que es mucho más peligroso, porque la experiencia puede degenerar en psicosis cuando el sujeto no está psicológicamente preparado para integrarla.

Las **crisis coyunturales** dependen totalmente de circunstancias externas, que, sin ser en sí mismas traumáticas, superan temporalmente las capacidades de adaptación y/o resolución de un individuo normal. Pueden ocurrir en algunas circunstancias como, por ejemplo, cuando se aproxima un examen difícil o una actuación importante, en vísperas de casarse o antes de cambiar a un nuevo empleo. Estas crisis suelen resolverse solas, excepto cuando alguna acción torpe del sujeto que las sufre complica la situación. El objetivo principal de la intervención es mantener a la persona operativa y presente, es decir, sin bloquearse y sin huir, hasta que pase la coyuntura.

Las **crisis adaptativas** son parecidas a las coyunturales, en el sentido de que la discontinuidad de la experiencia personal tiene su origen en un cambio importante en el entorno del individuo, pero difieren en que la situación desencadenante es más duradera, incluso permanente, como fijar residencia en un nuevo país, cambiar radicalmente de profesión o empleo, subir o bajar drásticamente en el nivel social, etc. Admitiendo que las nuevas circunstancias pueden ser difíciles para todos, lo normal es que la mayoría de los individuos se adapte, algunos incluso mejor que a su estado anterior. Las crisis de adaptación se consideran "mixtas" en la clasificación topográfica de las crisis porque, aunque aparecen bajo los efectos de circunstancias externas, necesitan para producirse una cierta inmadurez o disfunción de las estructuras psicológicas internas del individuo.

2.3. Clasificación evolutiva de las crisis

Otra forma útil de clasificar una crisis es desde el punto de vista de su estadio evolutivo, que facilita, entre otras cosas, tomar decisiones sobre cuál puede ser el modelo de intervención más apropiado y eficaz. El desarrollo de una crisis sigue un proceso fásico, que tiende a completarse, habitualmente, en un tiempo inferior a ocho semanas, si todo va bien. Siguiendo a Caplan, podemos diferenciar las siguientes fases:

Primera fase: shock o impacto agudo.

Algo ocurre, generalmente de manera súbita o, por lo menos, eso le parece al sujeto. Éste se siente afectado profundamente, sin poder evitarlo ni superarlo de la manera habitual en que hace frente a otros problemas. Junto al estrés propio de la situación, se añaden pronto sentimientos de confusión, impotencia, desamparo y desvalimiento. Inicialmente, cada individuo reacciona según sus pautas características de reactividad al estrés, siendo las más frecuentes la ansiedad, la irritabilidad y las manifestaciones psicosomáticas, aunque algunos raros individuos experimentan entusiasmo y aumento de energía en tiempos de crisis.

Segunda fase: desorganización crítica.

Cuando todas las estrategias habituales de afrontamiento y resolución de problemas fallan, la tensión emocional aumenta hasta niveles insoportables. En este estado, se pueden emprender diversas actividades, no para mejorar las cosas o resolver la situación, sino simplemente para huir de ella o para descargar la tensión acumulada. Así, no son infrecuentes en esta fase conductas psicopáticas o "fuera de carácter", el abuso indiscriminado de drogas y de alcohol, las conductas autodestructivas y los arrebatos emocionales bruscos. Característicamente, el sujeto despliega también actividades de búsqueda de ayuda, que pueden ser apropiadas y bien estructuradas o, por el contrario, "gritos de socorro" ineficaces y atropellados. Según el sujeto empieza a darse cuenta de la insuficiencia de sus recursos personales para hacer frente a las exigencias de la situación, se van instaurando en él sentimientos depresivos de indefensión y de fracaso, que cada vez se hacen más prominentes. El sentimiento de indefensión es muy característico de las crisis en segunda fase. Su intensidad está relacionada con la decisión del sujeto sobre algunas características dicotómicas de su crisis, tales como si es personal o universal, permanente o transitoria y global o específica. Varias combinaciones son posibles, siendo la peor cuando el individuo considera la crisis como personal, permanente y global, y la mejor cuando lo hace como universal, transitoria y específica.

- *Universal* vs. *personal*. Cuando la crisis se percibe como universal, la indefensión se acepta como una reacción normal que tendría cualquier persona en esa misma situación, lo cual no elimina el sufrimiento, pero mantiene la autoestima intacta. Inversamente, si el individuo considera que su crisis es personal, algo que sólo puede ocurrirle a él, o que él no es capaz de afrontar una situación que cualquier otra persona podría resolver, puede sentirse como un desgraciado señalado por la mala fortuna o como un débil fracasado inferior a todo el mundo.

- *Transitoria* vs. *permanente*. Una crisis percibida como transitoria se acompaña de la convicción de que, por muy difíciles que sean las cosas en este momento, acabarán pasando, lo cual mantiene la puerta abierta a la esperanza. Por el contrario, si la impresión ante la crisis es de permanencia y la persona no ve ninguna perspectiva de solución, el riesgo de caer en la desesperación es grande.

- *Global* vs. *específica*. En una crisis específica, el sujeto restringe sus reacciones y pensamientos al asunto en cuestión y, por muy inseguro e indeciso que se encuentre con ese tema, preserva su sensación de eficacia para todo lo que se refiera a las demás áreas de su vida. Por el contrario, si ve la crisis como global, es fácil que los sentimientos de incompetencia, indefensión e ineficacia se extrapolen desde el evento concreto a todas las áreas de su vida.

Tercera fase: resolución.

Es posible que alguna de las múltiples actividades que el sujeto despliega en la fase anterior tenga éxito. Si esto ocurriera, la crisis se resolvería sin llegar casi a plantearse, es decir, con una fase dos muy breve. Pero, en el desarrollo típico de una crisis, los primeros intentos suelen fallar y el individuo continúa sometido a una presión interna por hallar una solución, cuya intensidad no hace sino crecer. La urgencia de la situación puede estimular su creatividad, llevándolo a descubrir nuevas estrategias de afrontamiento, a encontrar nuevas fuentes de ayuda, a formar nuevas relaciones o a recurrir a profesionales o consejeros. Esta fase es el núcleo central de la crisis, en la que se toma una decisión, que puede significar la salida a través de la creación de nuevos recursos y del crecimiento personal. O, por el contrario, se pueden consolidar mecanismos maladaptativos de evitación y retraimiento, haciendo cada vez más difícil la solución. Lo cierto es que, en un plazo de tiempo limitado, el sujeto llega a una formulación más o menos consciente de la situación y de su postura frente a ella.

Cuarta fase: retirada final.

Si la crisis no se resuelve, bien o mal, en las fases anteriores, se llega a la fase final, que se parece, en cierta forma, al estadio de agotamiento de la reacción general de adaptación de Selye. La retirada puede ser total (por ejemplo, a través del suicidio) o parcial, que a su vez puede ser interna (una desorganización psicótica o una estructuración delirante) o externa (un cambio radical de entorno, relaciones, actividad y hasta de nombre). En cualquiera de estos casos, la crisis se termina, sea por la muerte, sea por la negación de sí mismo que supone la psicosis, sea por renuncia a todo lo vivido hasta el momento de la crisis o por el inicio de una nueva vida.

Tanto en la segunda como en la cuarta fase existe riesgo de suicidio. Aunque toda tentativa de suicidio es siempre peligrosa y debe ser, en cualquier circunstancia, tomada en serio, su calidad es diferente según la fase evolutiva de la crisis. Las que tienen lugar en la fase dos son gritos de auxilio, *cry for help*, una búsqueda desesperada de ayuda, la expresión de una desesperante impotencia. Sin embargo, las tentativas de la fase cuatro son la actuación de una decisión de retirada total, la persecución directa de la muerte como manera definitiva de resolver la crisis. Como veremos más adelante, al tratar de las crisis autodestructivas, los intentos de suicidio son reacciones de huida instintivas y automáticas ante contenidos mentales que parecen insoportables. Por eso son tan frecuentes en las situaciones de crisis, sobre todo en adolescentes, y por eso responden tan bien a cualquier tipo de apoyo interpersonal que trasmita esperanza.

Capítulo tres

El estudio científico del cambio

En los capítulos anteriores hemos aceptado que los cambios son parte fundamental de la existencia y hemos dado la razón a Confucio cuando dice: "El hombre sabio está siempre atento a la impermanencia de todas las cosas". Ahora es oportuno que repasemos los métodos utilizados para detectar, estudiar y cuantificar los efectos de los cambios vitales. No es éste un asunto de simple curiosidad intelectual, sino de gran utilidad práctica: uno de los más importantes avances de la medicina actual ha sido el descubrimiento de que todo lo que cambia nuestra vida, incluso poco, influye sobre nuestra salud, tanto la mental como la física.

Intuitivamente, acostumbramos a relacionar el estrés con condiciones extremas que nos afectan de manera muy notable. Desde la más remota antigüedad es bien sabido que estar sometido a fuerte estrés es nocivo para la salud. Sin embargo, el efecto de los cambios pequeños y de los acontecimientos relativamente normales no ha sido descubierto hasta hace muy poco. La moderna investigación psicosomática demuestra que toda modificación en las exigencias del entorno, incluso aunque esos cambios sean beneficiosos, altera el funcionamiento del sistema nervioso y de la secreción hormonal. Esto incluye la introducción de nuevas maneras de realizar una tarea, aunque faciliten la actividad del individuo. Hoy día sabemos que la interacción entre el individuo y su entorno es muy fina y tiende a mantenerse en un equilibrio constante. Cada novedad o variación con la que nos encontremos, por pequeña o banal que sea, exige un reajuste de nuestros sistemas de regulación y de adaptación, lo cual significa una sobrecarga para el organismo.

Nuestro organismo es capaz de detectar acontecimientos insignificantes y de adaptarse rápidamente a ellos, sin perder su equilibrio interior. Sin embargo, cuando estos se acumulan, su conjunto puede llegar a superar las capacidades de regulación y adaptación, produciéndose una reacción patológica. Un conglomerado de cambios de poca entidad puede adquirir tanto poder estresante como un evento aislado de gran magnitud. Toda la investigación actual sobre la relación entre acontecimientos vitales y enfermedad se basa en la detección y cuantificación de estos fenómenos. Sorprendentemente, no sólo las circunstancias adversas pueden ser fuente de estrés, sino también algunas que parecen, en principio, ser beneficiosas para el individuo.

> **Un determinado acontecimiento o suceso se considera estresante cuando implica una modificación o cambio importante en las condiciones de la vida habitual. El problema está en determinar, exactamente, qué es la vida habitual y qué es un cambio importante.**

Los estudios de Kiritz sobre el estrés laboral nos dan un ejemplo práctico de cómo funcionan los mecanismos de adaptación al cambio: la introducción de nuevas variantes en una actividad monótona aumenta la respuesta fisiológica de estrés en los operarios, a pesar de que hacían la tarea más fácil e interesante. La predicción lógica de los investigadores era que, al mejorar las condiciones de la tarea, ésta sería menos estresante. Después de un tiempo, como verdaderamente los cambios mejoraban la calidad de la experiencia del trabajador, el efecto estresante desaparecía y, a la larga, su salud mejoraba. Quedó, sin embargo, la evidencia del *"efecto novedad"*, o activación de los mecanismos de adaptación y defensa del organismo cada vez que se produce un cambio. La intensidad del efecto novedad se reduce si el individuo está preparado de antemano para asumir el cambio o si tiene una buena capacidad para anticiparlo o predecirlo.

En capítulos anteriores hemos definido la crisis, *desde el punto de vista psicológico, como una experiencia puntual, que fuerza al individuo a reconsiderar, en un plazo breve de tiempo, el sentido de su vida.* Considerada como un cambio, en una crisis no solamente se rompe la sensación de continuidad psíquica de los eventos familiares (lo que introduce un fuerte "efecto novedad"), sino que, además, el individuo que la vive se siente forzado a tomar una decisión o determinación y a intervenir de manera activa en las circunstancias, todo ello bajo la percepción de una amenaza. Es decir, en la crisis se combinan de manera consciente la percepción del cambio con la necesidad de contrarrestar sus efectos.

Cuando los cambios adquieren cierta pauta y se convierten en una ocurrencia habitual pueden acabar perdiendo su cualidad estresante.

Eso es lo que nos pasa a veces, por ejemplo, cuando viajamos en barco, o vivimos en una gran ciudad o tenemos una vida social muy activa. La gente se acostumbra a todo y lo que inicialmente parecía una sucesión de novedades, acaba convirtiéndose en normal rutina. Cuando nos hemos adaptado, una repentina interrupción en esos cambios pautados, o un período de tiempo en el que están ausentes, puede percibirse como estresante. Cuando las máquinas de un crucero se paran, los pasajeros no duermen mejor, sino que se despiertan. Cuando el teléfono de una quinceañera lleva dos días sin sonar, su tensión puede ser insoportable. Esto es lo que define el *cambio negativo*, entendido como la desaparición de una condición o serie de acontecimientos que forman parte de la experiencia habitual.

Las personas difieren en cuanto a la cantidad y cualidad de cambios que consideran óptimos en su vida, pero el principio es siempre el mismo: una vez habituado a determinada pauta o circunstancia, el sujeto considera toda modificación de ésta como estresante, independientemente de que esta modificación pueda ser beneficiosa o no.

3.1. Estrés, trauma y sobrecarga

La historia del estrés empezó hacia 1920, cuando un médico norteamericano, el Dr. Walter Cannon, descubrió la adrenalina y sus efectos. Ahora todos sabemos que esa hormona aumenta espectacularmente cuando tenemos que enfrentarnos a un reto, a un desafío o a un peligro, pero, en aquella época, el hallazgo fue revolucionario. Fue aireado por la prensa de todos los países como la fuente de la eterna juventud y de la energía sin límites. Se suponía que la administración de una pequeña cantidad de adrenalina haría a los trabajadores infatigables y a los soldados invencibles. Se dice que el hallazgo de la adrenalina fue fortuito pero, como todos los grandes descubrimientos, se debió a esa capacidad que tienen los genios para sacar partido a situaciones imprevistas. Así fue como sucedió:

Cannon y su ayudante, el médico argentino Carlos De la Paz, estaban investigando en un gato los mecanismos fisiológicos que regulan la tensión arterial. De repente, un perro escapado de algún otro laboratorio irrumpió ladrando. Mientras De la Paz sujetaba al intruso, Cannon observó minúsculas gotas de secreción en las terminaciones de un nervio que rodeaba una arteria. Como esos nervios pertenecían a la rama simpática del sistema nervioso vegetativo, dio a esa sustancia el nombre de "simpatina". En pocos años se descubrió su composición química exacta, que resulto ser muy próxima a la adrenalina, hormona producida en la médula de la glándula suprarrenal. Además de segregar simpatina –ahora llamada adrenalina–, los gatos que Cannon ponía en situación de estrés mostraban otras reacciones, tales como estado de alerta, hipertensión arterial, taquicardia, contracción muscular generalizada, erizamiento de los pelos, etc. Cannon pensó que este conjunto de reacciones era apropiado para luchar o para huir y, muy razonablemente, lo denominó *Respuesta de Lucha o Huida*, nombre que ha quedado desde entonces como uno de los paradigmas de la reacción ante el estrés.

Un médico español, el doctor Gregorio Marañón, fue el primer científico del mundo que estudió los efectos emocionales de la adrenalina, con unos experimentos muy ingeniosos cuyos resultados fueron reconocidos y citados por el propio Cannon. Después de inyectar adrenalina subcutánea a sus sujetos, Marañón conversaba con ellos sobre temas específicos y observaba sus reacciones. Descubrió así tres formas básicas de reaccionar ante la administración de adrenalina: una enferma que había sufrido un duelo reciente respondía a las preguntas sobre sus desgracias con grandes manifestaciones de dolor y angustia; un amigo al que contrariaba sobre temas de política se indignaba más de lo habitual en él en tales circunstancias; al iniciar con otro una conversación sobre toros o espectáculos de variedades éste se mostraba excepcionalmente alegre y dicharachero. Marañón concluyó que la adrenalina es un estimulante emocional general y que el matiz preciso de angustia, agresividad o entusiasmo depende de la actitud mental y de los pensamientos que tuviera la persona en ese momento. Es interesante que todos los sujetos identificaron exactamente el tipo de emoción que estaban expresando, pero aseguraban que la sentían como impuesta y forzada, de alguna manera ajena a ellos.

Algunos años más tarde, un médico húngaro afincado en Montreal, el Dr. Hans Selye, descubrió que la corteza que rodea la médula de la glándula suprarrenal también aumenta su actividad en situaciones de estrés. De hecho, fue Selye el que popularizó el término "stress", describiéndolo como una respuesta estereotipada del organismo cada vez que tiene que enfrentarse a situaciones nuevas o difíciles. Las hormonas que produce la corteza de la glándula suprarrenal se llaman corticoides (de corteza). Uno de ellos, el cortisol, es el que más aumenta con el estrés. Por eso a estas dos hormonas, adrenalina y cortisol, se las conoce con el nombre de *hormonas de estrés*. Su medición orienta sobre lo estresada que una persona puede estar en un momento dado.

Selye definió el estrés de manera muy general:

Estrés es la respuesta inespecífica del organismo a toda demanda hecha sobre él.

La respuesta de estrés es útil, porque ayuda a la defensa del organismo, contrarresta las influencias nocivas y facilita la adaptación. Sin embargo, si dura mucho tiempo, se produce el Síndrome General de Adaptación, que se desarrolla en tres fases.

Fases del síndrome general de adaptación:
- Reacción de alarma
- Estadio de resistencia
- Fase de agotamiento

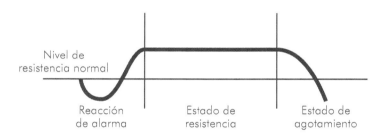

Figura I
Etapas de estrés según Selye

En la primera fase, reacción de alarma, aumenta la secreción de cortisol y de adrenalina, el organismo se energiza, se pone en marcha la reacción de Lucha-Huida y el sujeto estresado se prepara para hacer frente a cualquier eventualidad. Durante la segunda fase, el estadio de resistencia, los mecanismos de adaptación se mantienen activos, consumiendo energía a costa de otras funciones más placenteras y saludables. Finalmente, como su nombre indica, en el último estadio o fase de agotamiento fracasan los mecanismos de adaptación, produciéndose una desorganización general y toda suerte de alteraciones. Hacia el final de la segunda fase o estadio de resistencia, el esfuerzo de adaptación –también conocido como *carga alostática*– empieza a producir daños y deterioros, que son plenamente patentes en la tercera fase, en la que se agotan los recursos del organismo y aparecen las enfermedades por estrés.

Mecanismos de adaptación:

Homeostasis (del griego *homeo* = igual y *stasis* = estado): *conjunto coordinado de procesos fisiológicos encargados de mantener la constancia del medio interno*. Neutraliza las influencias del medio ambiente y mantiene las constantes vitales en su valor óptimo, a pesar de las exigencias externas. Asegura la supervivencia, porque hay funciones en las que la tolerancia a la variación es mínima, como la temperatura corporal, la oxigenación de la sangre, etc.

Alostasis (del griego *alos* = distinto y *stasis* = estado): *conjunto de cambios en distintas funciones del organismo necesarios para adaptarse a las características y exigencias del medio externo*. Es el esfuerzo necesario para cambiar de manera apropiada a las exigencias externas y mantener esos cambios a través del tiempo. Es un complemento necesario a la homeostasis y se hace a expensas de funciones que toleran amplios márgenes de variabilidad como, por ejemplo, el estado de alerta, la presión arterial, el ritmo cardíaco, la secreción de hormonas, etc.

Continuando los estudios de Selye, Mason demostró que no es cualquier tipo de exigencia lo que determina la reacción de estrés, sino también, y quizá sobre todo, el grado en el que el individuo percibe o cataloga esas demandas como peligrosas, nocivas o indeseables. Otros investigadores fueron detectando situaciones en las que era la ausencia de estimulación la que producía una situación de estrés, abriendo la puerta para el descubrimiento y definición del estrés negativo [12].

Para el desarrollo normal de la personalidad es precisa la existencia de ciertas circunstancias típicas, que actúen en momentos claves de ese desarrollo. La conspicua ausencia de una de tales experiencias constituye un evento traumático, que podemos calificar de negativo, consistiendo el trauma no en la hiperexcitación de los mecanismos

---

[12] Para una ampliación de éste y otros conceptos relacionados, véase la obra *Síndromes de estrés* (Síntesis, Madrid, 2010, pág. 32).

propios del aparato psíquico, sino en la ausencia o deficiente forma-
ción de canales que orienten la descarga de determinados impulsos
(Rivera, 1979).

Psicosoma y ambiente

El ser humano está dotado, constitutivamente, de mecanismos reguladores de tipo nervioso, endocrino, inmunológico y psicológico,
que trabajan de manera coordinada e interactiva para mantenerlo
operativo e integrado frente a las exigencias de sus necesidades e
impulsos psíquicos y biológicos. A este conjunto de procesos reguladores y programas de desarrollo lo llamo *psicosoma* (véase la
figura 2), para señalar que no hay diferencia sustancial entre los
aspectos biológicos y psicológicos, sino que son manifestaciones
distintas de una misma unidad humana. Este psicosoma está en relación directa con el medio ambiente, al que influye y por el que es
influido de manera interactiva y constante. El ambiente no solamente
plantea exigencias de adaptación al psicosoma (de ahí las reacciones

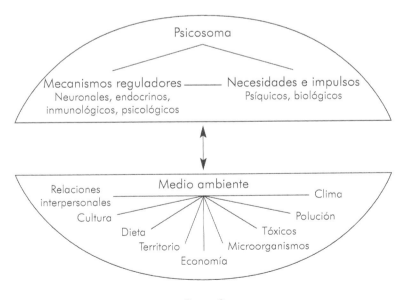

Figura 2
La relación del ser humano con su ambiente

de estrés), sino que también aporta nutrientes, estructuras y programas que permiten su mantenimiento y alientan su desarrollo. El ser humano y su ambiente están tan intrincadamente unidos que forman una nueva identidad, el **organismo psicosocial**. Este planteamiento, al que he llegado desde un punto de vista psicobiológico, coincide con el que avanzó Ortega y Gasset desde el terreno filosófico. Su famoso aforismo "yo soy yo y mi circunstancia" es otra forma de enunciar mi propuesta de que la unidad operativa básica del ser humano no es el individuo, sino el individuo más su entorno.

Entenderemos ahora que no sólo los excesos, sino también las ausencias pueden ser estresantes. Sufrimos estrés tanto cuando estamos demasiado estimulados como cuando lo estamos demasiado poco. Por su propia naturaleza de organismo psicosocial, la salud y el bienestar del ser humano requieren el equilibrio de todos sus componentes y, si uno de ellos es inapropiado o insuficiente, el sistema entero tiene que hacer un esfuerzo de adaptación y reajuste.

En resumen, podemos decir que **el estrés tiene lugar cuando la estimulación o la privación externa incrementan la activación del organismo más rápidamente que su capacidad para atenuarlo**. Cuando el incremento de activación llega a un punto intolerable, se produce el **trauma**, fenómeno del que trataremos con más detalle más adelante. Si se produce un cambio en las pautas de interacción lo bastante importante como para llegar a forzar una ruptura o discontinuidad en esta interacción, estaremos entrando en una **crisis**. Si las exigencias de la interacción son exageradas y obligan a un gran esfuerzo de los mecanismos de adaptación, pero no llegan a ser intolerables ni se produce ningún cambio excesivo en las pautas de interacción, estaremos en situación de **sobrecarga**.

Como todo organismo vivo, el ser humano tiene unas necesidades internas que incluyen sus tendencias a crecer, desarrollarse y reproducirse. Además, tiene otras que derivan de su naturaleza social, como la formación y participación en grupos y organizaciones, y otras que derivan de su aspiración a la trascendencia, que se expresan fundamentalmente a través del arte, la creatividad, la persecución del conocimiento, la adhesión a creencias y las construcciones ideológicas y filosóficas.

Biológicas: crecer, desarrollarse y reproducirse.
Personales: conocer, comprender y trascender.
Sociales: comunicación, afiliación y agrupación.

Una vez constituida, la unidad del ser humano se mantiene mediante mecanismos reguladores internos, que son *somáticos* (neurológicos, endocrinos e inmunológicos), *psicológicos* (procesos de adaptación y defensa; procesos de creación y transformación del mundo) y *sociales* (dependencia, liderazgo, regulación, construcción y modificación de redes sociales).

En realidad, estamos tan inmersos en nuestro medio ambiente que es difícil trazar una línea de separación precisa. Definir nuestra identidad personal es un logro que lleva varios años. Aunque nos sentimos distintos y separados de las cosas y de las personas que nos rodean, mantenemos una relación con ellos que he denominado **halo de pertenencia**. La intensidad de este halo es máxima sobre nuestro cuerpo, que generalmente consideramos incluido en nuestra identidad, menor en nuestros seres queridos, posesiones inmediatas y amigos, y se va difuminando hasta un límite a partir del cual ya consideramos a las cosas y personas allí existentes ajenas a nosotros. El sentimiento de pertenencia a un entorno, físico o social, forma parte de nuestra identidad aunque, en la práctica, consideremos que el entorno en sí es independiente de nosotros. Las exigencias impuestas por las dinámicas y las características del medio ambiente ponen a prueba nuestros mecanismos reguladores y de adaptación. También nos nutren, suministrando elementos para nuestro crecimiento y desarrollo, tanto materiales –aire, agua y alimentos–, como psicológicos –afecto, modelos de conducta, ideas y otras construcciones mentales. A diferencia de los animales, cuyo componente genético constituye la guía más importante para el desenvolvimiento de sus vidas, los humanos tenemos, además, los *memes* [13], instrucciones cerebrales transmisibles, unidades básicas de las que se componen las estructuras conceptuales, las dinámicas psicológicas y las ideas operativas. Estas dos grandes mitades de la realidad, ser personal y medio ambiente, están en continua interacción, se inter-penetran y modifican continuamente. Mientras esta interacción se desarrolla a través de pautas más o menos constantes y fluidas, no hay situación crítica, aunque sí puede haberla de estrés.

Las primeras consideraciones sobre el estrés partieron del campo de la fisiología, su importancia para las ciencias humanas en general

---

[13] El meme es una invención de Richard Dawkins, formulada de manera casi casual al final de su libro *El gen egoísta* (Salvat, Barcelona, 1986), y se refiere a la transmisión cultural de unidades de información que se replican, se combinan y evolucionan de manera similar a los genes.

Tabla 6
Definiciones del estrés

1. Walter Cannon.	Estrés es todo estímulo susceptible de desencadenar una Reacción de Lucha o Huida (1929).
	Estrés son todos aquellos factores del medio cuya influencia exige un esfuerzo inhabitual de los mecanismos homeostáticos (1935).
2. Hans Selye.	Estrés es la suma de todos los cambios no específicos causados por hiperfunción o lesión (1956).
	Estrés es la respuesta inespecífica del organismo a toda demanda hecha sobre él (1974).
3. Mason-Selye.	Estrés es el conjunto de modificaciones en el funcionamiento basal del organismo, directamente atribuibles a la adaptación a, o a la eliminación de estímulos nocivos o peligrosos, reales o imaginarios (1971).
4. Rivera.	Ley general del estrés: cuando la influencia del ambiente supera o no alcanza las cotas en las que el organismo responde con máxima eficiencia, éste percibe la situación como peligrosa o desagradable, desencadenándose una reacción de lucha-huida, y/o una reacción de estrés, con hipersecreción de catecolaminas y de cortisol (1977).

no pasó desapercibida y pronto empezaron a estudiarse sus implicaciones psicológicas. Lazarus, en 1984, definió el estrés psicológico de la siguiente forma:

> *Estrés psicológico es una relación particular entre una persona y su ambiente, que es evaluada por la persona como una imposición o exigencia o como algo que excede sus recursos, poniendo en peligro su bienestar* (Lazarus, 1984).

La mezcla y profusión de estudios ha ido introduciendo una cierta confusión, en parte relacionada con discrepancias de lenguaje entre Cannon y Selye: mientras que para el primero estrés es el estímulo o causa de los fenómenos que observaba, el segundo llamaba siempre estrés a esos mismos fenómenos y no a sus causas. En la literatura científica actual es fácil encontrar trabajos en los que se llama estrés a todo, tanto a las causas como a los efectos. Algunos autores, como Lazarus, rodean el problema llamando estrés a la relación, es decir, al proceso por el cual determinadas causas estresantes producen determinadas consecuencias estresadas.

Al iniciar el programa de investigación sobre factores psicosociales del estrés, en mis tiempos de Catedrático de Psiquiatría de la Universidad de La Laguna, elaboré una clasificación de las distintas variables que tienen que ver con el estrés, en tres grandes grupos o factores:

a) Factores externos de estrés, que engloban todos aquellos aspectos del ambiente que pueden alterar el equilibrio del individuo o sobrecargar sus mecanismos de adaptación, defensa y regulación homeostática. Los acontecimientos vitales son un ejemplo de este grupo, tal como se objetivan, por ejemplo, en la escala de Holmes y Rahe.

b) Factores internos de estrés, constituidos por variables propias del individuo, directamente relacionadas con la respuesta de estrés y con la adaptación, defensa y neutralización de los factores externos de estrés. Una variable típica de este grupo es el índice de reactividad al estrés (Rivera, 1983).

c) Factores moduladores, variables tanto del medio como del individuo, que no están directamente relacionadas con la inducción ni con la respuesta de estrés, pero que condicionan, modulan o modifican la interacción entre factores internos y externos. Ejemplos de este grupo incluyen el apoyo social, los estados afectivos, la depresión, el nivel de vigilancia, etc.

Esta clasificación nos permitió definir el estrés psicosocial de la siguiente manera:

El estrés psicosocial se produce por la conjunción de tres grandes grupos de variables: los estresantes propios del medio, o factores externos de estrés; los propios del individuo o factores internos de estrés; y los factores moduladores, que no están directamente relacionados ni con la inducción ni con la respuesta de estrés, pero que condicionan o modifican la interacción entre factores internos y externos (Rivera, 1989).

3.2. El efecto "acontecimientos vitales"

La introducción del concepto de "unidades de cambio vital" (*life change units*, LCU) por Holmes y Rahe representó un avance revolucionario en el estudio del estrés, primero porque permitió la cuantificación de los factores externos de estrés y, segundo, porque estableció el principio de equivalencia, según el cual varios pequeños acontecimientos próximos en el tiempo tienen un efecto estresante acumulativo que puede ser próximo al de una catástrofe aislada. Su cuestionario alcanzó pronto gran popularidad y ha servido de ejemplo para otros muchos posteriores.

Existe una gran abundancia y discrepancia entre cuestionarios de cambios vitales, lo que demuestra que ninguno es totalmente satisfactorio. El más sencillo de los publicados consta de 5 ítems y el mayor de 118. Muchos de los ítems son repetidos de unos cuestionarios a otros, pero aun así, se calcula que entre todos registran 802 acontecimientos diferentes. Estos son los acontecimientos más frecuentes en los distintos cuestionarios.

Los acontecimientos más frecuentemente estudiados:
- Cambio de residencia.
- Enfermedad o lesión grave.
- Casamiento.
- Divorcio/separación.
- Despido/jubilación.
- Embarazo (o de la pareja).
- Muerte del cónyuge.
- Muerte de un amigo íntimo.

En la adaptación española de cuestionario de Holmes y Rahe (Rivera y Morera, 1983) la valoración de acontecimientos vitales por nuestros sujetos resultó ser distinta a la de la muestra norteamericana, lo cual es fácil de explicar por las diferencias socioculturales entre las dos poblaciones. A la conclusión de este estudio nos encontramos con una lista de 61 acontecimientos vitales relativamente frecuentes (véase cuestionario de acontecimientos vitales).

CUESTIONARIO DE ACONTECIMIENTOS VITALES
(Rivera y Morera, 1983)[14]

Por favor, marque con una X todos los acontecimientos de la siguiente lista que le hayan ocurrido en los últimos seis meses. Gracias.

	UCV
1. Muerte del cónyuge	92
2. Separación	58
3. Divorcio	50
4. Matrimonio	60
5. Reconciliación de ruptura sentimental	62
6. Rotura de un noviazgo o relación similar	50
7. Enamorarse o iniciar una amistad íntima y profunda	57
8. Embarazo deseado	67
9. Embarazo no deseado	65
10. Aborto provocado	51
11. Aborto espontáneo	71
12. Relación sexual al margen del matrimonio	58
13. Ruptura de relación sexual al margen del matrimonio	49
14. Dificultades sexuales	67
15. Dificultades en la educación de los hijos	70
16. Niños bajo el cuidado de otras personas	57
17. Muerte de un familiar cercano	73
18. Enfermedad de un miembro cercano de la familia	61
19. Incorporación de un nuevo miembro a la familia	52
20. Un miembro de la familia deja de vivir en la casa	50
21. Ruptura de la familia, separación de los padres	79
22. Problemas con vecinos o familiares que no viven en casa	40
23. Desaparición de problemas con vecinos o familiares	34
24. Período de alejamiento del hogar	53
25. Hijos lejos del hogar	68
26. Quedarse sin trabajo	82
27. Retiro laboral	58
28. Despido	81

[14] L. de Rivera y A. L. Morera, "La valoración de sucesos vitales. Adaptación española de la escala de Holmes y Rahe", *Psiquis*, 1983, 4:7-11.

	UCV
29. Cambio de lugar de trabajo	42
30. El cónyuge comienza a o deja de trabajar fuera de casa	47
31. Ascenso en el trabajo	57
32. Problemas con superiores en el trabajo	55
33. Nuevo empleo en la misma línea de trabajo	42
34. Nuevo empleo en una nueva línea de trabajo	52
35. Cambio de horario de las condiciones de trabajo actual	37
36. Problemas con colegas o compañeros de trabajo	46
37. Préstamo o hipoteca de más de 10.000 euros	67
38. Ingresos aumentados sustancialmente (25%)	48
39. Ingresos disminuidos sustancialmente (25%)	61
40. Problema legal grave (riesgo de cárcel, embargo, etc.)	84
41. Problema legal menor (multa de tráfico, sanción administrativa, etc.)	47
42. Complicación en una pelea	52
43. Enfermedad o accidente que requiera guardar cama	66
44. Muerte de un amigo	68
45. Cambio de casa	37
46. Compra de casa	51
47. Accidente o situación de violencia física	66
48. Éxito personal de gran envergadura	67
49. Exámenes	61
50. Reformas en casa	41
51. Cambio en las costumbres personales	40
52. Cambio en opiniones religiosas	37
53. Cambio en opiniones políticas	32
54. Cambios en costumbres o actividades sociales	34
55. Cambio en el ritmo del sueño	43
56. Cambio en las costumbres alimenticias o del apetito	39
57. Vacaciones fuera de casa	48
58. Fiestas de Navidad y Reyes	51
59. Problemas relacionados con el alcohol o drogas	71
60. Enfermedad prolongada que requiere tratamiento médico	73
61. Repentino y serio deterioro de la audición o visión	81

ESCALA DE ACONTECIMIENTOS VITALES
(Holmes y Rahe)

	UCV	%PG
1. Casarse	50	1
2. Dificultad con los superiores en el trabajo	23	3
3. Detención (en la comisaría, cárcel u otra institución)	63	0
4. Fallecimiento del cónyuge	100	1
5. Cambio importante en los hábitos del sueño (dormir más o menos que habitualmente, o a horas diferentes)	16	28
6. Fallecimiento de un familiar próximo	63	16
7. Cambio importante en hábitos alimenticios (comer mucho más o mucho menos, o comida muy diferente, o en ambiente distinto)	15	20
8. Proximidad de la fecha límite de una hipoteca o préstamo	30	20
9. Modificación de hábitos personales (en el vestir, relaciones sociales, comportamiento, etc.)	24	13
10. Fallecimiento de un amigo íntimo	37	13
11. Problemas menores con la ley (multas de tráfico, discusión con policías, etc.)	11	6
12. Importante éxito o logro personal	28	18
13. Embarazo	40	3
14. Cambio importante en la salud o comportamiento de un miembro de la familia	44	28
15. Problemas sexuales	39	0
16. Problemas con la familia política	29	5
17. Cambio importante en el número de reuniones familiares (muchas más o muchas menos)	15	7
18. Cambio importante en situación económica (mucho mejor o mucho peor que lo habitual)	38	19
19. Incorporación de un nuevo miembro en la familia (por nacimiento, adopción, que viene a vivir de otro sitio)	39	17
20. Cambio de residencia	20	5

	UCV	%PG
21. Hijo o hija deja la casa familiar (para casarse, irse a estudiar fuera, etc.)	29	7
22. Separación matrimonial	65	1
23. Cambio importante en actividades religiosas (ir a la iglesia mucho más o mucho menos, etc.)	19	0
24. Reconciliación tras pelea con la pareja	45	1
25. Despido del trabajo	47	1
26. Divorcio	73	0
27. Cambio a diferente tipo de trabajo	36	11
28. Cambio importante en el número de discusiones con el cónyuge (muchas más o muchas menos que lo habitual, acerca de la educación de los hijos, hábitos personales, economía familiar, etc.)	35	3
29. Cambio importante en las responsabilidades en el trabajo (ascenso, descenso, traslado, etc.)	29	5
30. El cónyuge comienza o deja de trabajar fuera de casa	26	1
31. Cambio importante en el horario o condiciones de trabajo	20	9
32. Cambio importante en el tipo o cantidad de recreación	19	28
33. Tomar un préstamo o hipoteca importante (como para comprar una casa, un negocio, etc.)	31	4
34. Tomar un préstamo de menos de 30.000 euros (como para comprar un coche, electrodomésticos, hacer reformas, etc.)	17	12
35. Lesión o enfermedad propia importante	53	12
36. Reajuste importante en el lugar de trabajo (fusión con otra compañía, quiebra, reorganización, etc.)	39	3
37. Cambio importante en actividades sociales (ir de fiestas, bailes, visitar amigos, cenar fuera, etc.)	18	14
38. Cambio importante en las condiciones de residencia (construir casa nueva, reformas, deterioro de la casa o del vecindario, etc.)	25	13
39. Retiro laboral	45	1

	UCV	**%PG**
40. Vacaciones fuera del lugar de residencia	13	21
41. Festividades navideñas	12	100
42. Cambio a otro colegio o centro de estudios	20	2
43. Inicio o terminación de los estudios	26	5

Nota: al administrar la lista de acontecimientos vitales para obtener la valoración en "unidades de cambio vital", se incluye el ítem "Festividades navideñas" para tener un valor de referencia en un acontecimiento que todos los sujetos han experimentado en el curso de un año. Sin embargo, cuando se administra el cuestionario para valorar el número de acontecimientos vividos por cada sujeto, se suele eliminar esta variable, quedando el número total de acontecimientos reducido a 42 en el de Holmes y Rahe y a 60 en el de Rivera y Morera.

UCV: Unidades de Cambio Vital. Corresponde a la estimación, en una escala de 1 a 100, del esfuerzo que hay que hacer para adaptarse a cada acontecimiento, o de lo estresante que es.

%PG: Porcentaje de la Población General en la que ocurre cada uno de estos acontecimientos a lo largo de un año.

El *efecto acontecimientos vitales* predice que los individuos que han acumulado mucha carga de unidades de cambio vital tienen mayor predisposición a enfermar que los que tienen poca. Es decir, que cuando nos pasan muchas cosas en un corto lapso de tiempo, tenemos mayor riesgo de ponernos enfermos que cuando nos pasan pocas. En dos estudios independientes, realizados en la Universidad de la Laguna con Armando Morera y con Lourdes Fernández, comprobamos que los enfermos ingresados en un Hospital General por causas médicas habían tenido, en los seis meses anteriores a su ingreso, mayor puntuación en acontecimientos vitales que la población general sana. También descubrimos que el *efecto acontecimientos vitales* disminuye con el paso del tiempo; es más evidente en los primeros seis meses y pierde potencia después de un año.

3.3. ¿Afectan los acontecimientos a todo el mundo de igual forma?

Según Holmes y Rahe, puntuaciones por encima de 150 unidades de cambio vital (UCV) pueden ser consideradas de alto riesgo. Nuestros estudios confirman sus hallazgos, pero a partir de un nivel mayor, 300 UCV. Sin embargo, no se asuste si ha ido acumulando muchos puntos. El efecto acontecimientos vitales es muy importante desde el punto de vista teórico, pero su valor predictivo práctico no es muy bueno. El porcentaje de sujetos con altos índices de cambio vital que enferman es mayor que el de sujetos con bajos índices. Pero el test detecta sólo el 65% de los casos, lo que no es bastante para poder decir que sea clínicamente útil. Para serlo tendría que tener mayor sensibilidad, es decir, detectar más del 90% de los casos y, además, mayor especificidad, es decir, que no se equivoque más del 10%. El cuestionario de cambios vitales sólo tiene una sensibilidad del 65% y una especificidad del 35%, por lo que decimos que su capacidad de predecir el riesgo de enfermar es pobre. Por poner un ejemplo, cuando yo terminé la carrera de Medicina y fui a especializarme en Psiquiatría a Montreal, acumulé en menos de seis meses más de 300 puntos. Y viví a continuación los años más sanos y felices de mi vida.

Según mi hipótesis, la respuesta global de estrés, y por tanto el riesgo de enfermar, depende de la interacción entre factores internos, propios del individuo, y factores externos, tales como los acontecimientos vitales. Buscando la manera de mejorar el valor del cuestionario de cambios vitales, se me ocurrió diseñar otro test, el Índice de Reactividad al Estrés, que mide un importante factor interno de estrés, la reactividad al estrés, que definí de la siguiente manera:

Reactividad al estrés es el conjunto de pautas habituales de respuesta cognitiva, emocional, vegetativa y conductual ante situaciones percibidas como potencialmente nocivas, peligrosas o desagradables.

Aplicando conjuntamente los dos cuestionarios, el de Cambios Vitales y el Índice de Reactividad al Estrés, el valor predictivo del riesgo de enfermar aumenta considerablemente. Los siguientes porcentajes ilustran estas diferencias:

	Enfermos	Sanos
Los dos índices altos	42%	13%
Sólo un índice alto	40%	57%
Los dos índices bajos	18%	30%

Como se puede observar, el resultados de uno sólo de los tests no aporta gran información, pero si se aplican los dos se mejora bastante la sensibilidad y la especificidad de la detección de poblaciones en riesgo de enfermar. Podemos decir que aproximadamente una persona de cada dos que tengan elevado el Índice de Reactividad al Estrés y el Cuestionario Cambios Vitales puede enfermar. Por el contrario, sólo una de cada cinco que tenga ambos índices bajos corre ese riesgo. En conclusión, los cambios vitales afectan más a las personas que tienen una elevada reactividad al estrés. Si éste es su caso, no se preocupe demasiado. En la tesis doctoral de Manuel Henry se demuestra que la práctica regular durante seis meses de una técnica de meditación llamada Entrenamiento Autógeno[15] disminuye la reactividad al estrés. Pero, cuidado, la exposición repetida a nuevas situaciones de estrés tiende a aumentar la reactividad al estrés, según la tesis de la Dra. Ana Luisa Monterrey.

---

[15] El método se describe en mi libro *Psicoterapia autógena. Cursos de postgrado en psicopatología y salud, UNED* (Klinik, Madrid, 1999). y también en www.psicoter.es.

ÍNDICE DE REACTIVIDAD AL ESTRÉS
(© L. de Rivera, 1990)

Nombre: .... Apellidos: ....

Sexo: H ..... M ..... Edad: .... Fecha de hoy: ....

El estrés es una respuesta automática del organismo ante situaciones que exigen mayor esfuerzo de lo ordinario, o en las que puede suceder algo peligroso, nocivo o desagradable.

Cada persona tiene una serie de reacciones características ante el estrés y algunas de las más frecuentes se enumeran en la lista que sigue.

Según la intensidad de las respuestas, marque con una cruz (X) el cero ("0") si no experimenta en absoluto esa reacción; el uno ("1") si la experimenta un poco; el dos ("2") si la experimenta moderada o medianamente; el tres ("3") si la experimenta con bastante intensidad y el cuatro ("4") si la experimenta con mucha intensidad.

> 0 = Nada en absoluto.
> 1 = Un poco.
> 2 = Moderadamente.
> 3 = Bastante.
> 4 = Mucho o extremadamente.

1. Inquietud, incapacidad de relajarse y estar tranquilo [0] [1] [2] [3] [4]
2. Pérdida de apetito .... [0] [1] [2] [3] [4]
3. Desentenderse del problema y pensar en otra cosa . [0] [1] [2] [3] [4]
4. Ganas de suspirar, opresión en el pecho, sensación de ahogo .... [0] [1] [2] [3] [4]
5. Palpitaciones, taquicardia .... [0] [1] [2] [3] [4]
6. Sentimientos de depresión y tristeza .... [0] [1] [2] [3] [4]
7. Mayor necesidad de comer, aumento del apetito ... [0] [1] [2] [3] [4]
8. Temblores, tics o calambres musculares.......... [0] [1] [2] [3] [4]
9. Aumento de actividad......................... [0] [1] [2] [3] [4]
10. Náuseas, mareos, inestabilidad................. [0] [1] [2] [3] [4]
11. Esfuerzo por razonar y mantener la calma .... [0] [1] [2] [3] [4]
12. Hormigueo o adormecimiento en las manos, cara, etc. .... [0] [1] [2] [3] [4]
13. Molestias digestivas, dolor abdominal, etc........ [0] [1] [2] [3] [4]
14. Dolores de cabeza............................ [0] [1] [2] [3] [4]
15. Entusiasmo, mayor energía o disfrutar con la situación .... [0] [1] [2] [3] [4]
16. Disminución de la actividad .... [0] [1] [2] [3] [4]

17. Pérdida del apetito sexual o dificultades sexuales . . $\boxed{0}\ \boxed{1}\ \boxed{2}\ \boxed{3}\ \boxed{4}$
18. Tendencia a echar la culpa a alguien o a algo . . . . . . $\boxed{0}\ \boxed{1}\ \boxed{2}\ \boxed{3}\ \boxed{4}$
19. Somnolencia o mayor necesidad de dormir . . . . $\boxed{0}\ \boxed{1}\ \boxed{2}\ \boxed{3}\ \boxed{4}$
20. Aprensión, sensación de estar poniéndose enfermo . $\boxed{0}\ \boxed{1}\ \boxed{2}\ \boxed{3}\ \boxed{4}$
21. Agotamiento o excesiva fatiga . . . . $\boxed{0}\ \boxed{1}\ \boxed{2}\ \boxed{3}\ \boxed{4}$
22. Urinación frecuente . . . . $\boxed{0}\ \boxed{1}\ \boxed{2}\ \boxed{3}\ \boxed{4}$
23. Rascarse, morderse las uñas, frotarse, etc. . . . . $\boxed{0}\ \boxed{1}\ \boxed{2}\ \boxed{3}\ \boxed{4}$
24. Sentimientos de agresividad o aumento de
    irritabilidad . . . . $\boxed{0}\ \boxed{1}\ \boxed{2}\ \boxed{3}\ \boxed{4}$
25. Diarrea . . . . $\boxed{0}\ \boxed{1}\ \boxed{2}\ \boxed{3}\ \boxed{4}$
26. Beber, fumar o tomar algo (chicle, pastillas, etc.) . . $\boxed{0}\ \boxed{1}\ \boxed{2}\ \boxed{3}\ \boxed{4}$
27. Necesidad de estar solo sin que nadie le moleste . . . $\boxed{0}\ \boxed{1}\ \boxed{2}\ \boxed{3}\ \boxed{4}$
28. Aumento del apetito sexual . . . . $\boxed{0}\ \boxed{1}\ \boxed{2}\ \boxed{3}\ \boxed{4}$
29. Ansiedad, mayor predisposición a miedos,
    temores, etc. . . . . $\boxed{0}\ \boxed{1}\ \boxed{2}\ \boxed{3}\ \boxed{4}$
30. Tendencia a comprobar repetidamente si todo
    está en orden . . . . $\boxed{0}\ \boxed{1}\ \boxed{2}\ \boxed{3}\ \boxed{4}$
31. Mayor dificultad en dormir. . . . . $\boxed{0}\ \boxed{1}\ \boxed{2}\ \boxed{3}\ \boxed{4}$
32. Necesidad de estar acompañado y ser aconsejado . . $\boxed{0}\ \boxed{1}\ \boxed{2}\ \boxed{3}\ \boxed{4}$

Cómo calcular su Índice de Reactividad al Estrés:

- Vegetativo: sumar la puntuación de los ítems 2, 4, 5, 7, 10, 12, 13, 14, 17, 19, 21, 22, 25, 28 y 31.
  Dividir el resultado entre 15.
- Emocional: sumar la puntuación de los ítems 6, 15, 20, 24 y 29.
  Dividir el resultado entre 5.
- Cognitivo: sumar la puntuación de los ítems 3, 11, 18, 27 y 32.
  Dividir el resultado entre 5.
- Conductual: sumar la puntuación de los ítems 1, 8, 9, 16, 23, 26 y 30.
  Dividir el resultado entre 7.
- IRE total: suma total de todos los puntos obtenidos en el test, dividido entre 32.

Puntuaciones menores de 0,6 se consideran bajas. Entre 0,6 y 1 son normales. Puntuaciones mayores de 1 son definitivamente demasiado altas. Tenga cuidado con las situaciones estresantes y dedique un tiempo seriamente cada día para desarrollar su capacidad de mantener la calma. Puede ser conveniente aprender nuestro método psicoterapéutico para reducir la reactividad al estrés.

3.4. La valoración cultural de los acontecimientos vitales

El cuestionario de valoración de acontecimientos vitales es un instrumento interesante para la investigación transcultural, ya que permite detectar valoraciones del estrés características de distintas culturas. Aunque el "efecto acontecimientos vitales" tenga validez transcultural, la valoración del poder estresante de un determinado acontecimiento puede variar, no sólo entre culturas, sino incluso entre individuos de la misma cultura.

"Acontecimiento Vital Cultural" es aquel cuya valoración media en una población culturalmente homogénea presenta un coeficiente de variación muy pequeño, lo que quiere decir que la mayoría de los sujetos encuestados le asignan valores estresantes muy próximos. Los valores medios con coeficiente de variación pequeño indican un elevado consenso en la población sobre el impacto o desequilibrio producido por el acontecimiento en cuestión. Por eso decimos que los valores asignados a esos ítems son "valores culturales de estrés". Por el contrario, un coeficiente de variación grande indica que el valor asignado al acontecimiento en cuestión es un artificio estadístico, procedente de hallar la media de puntuaciones muy dispares, por lo que lo he denominado "valor individual de estrés". Aquellos acontecimientos que demuestren ser valores culturales en todas las sociedades humanas podrán ser considerados como acontecimientos universales, cuyo efecto estresante viene determinado por la naturaleza humana en sí, más que por factores culturales o personales. Algunos acontecimientos, como la muerte del cónyuge o de un familiar cercano pueden reunir estas características; otros, como tener un problema legal menor, cambiarse de casa o salir de vacaciones, parece que no.

En la tabla 7 presentamos los acontecimientos vitales con valor cultural en la población de Canarias.

Otro interesante hallazgo es que la tendencia a sentirse especial influye en la valoración de algunos sucesos estresantes. En el estudio "Diferencias objetivas y subjetivas en la puntuación de una escala de sucesos vitales" (Rivera y Morera, 1983b), comparamos la valoración de los acontecimientos tomando como sujeto de referencia a "un individuo medio normal" –valoración "objetiva"– o imaginando que el evento le ocurre a uno mismo o a alguien próximo o de la familia –valoración subjetiva. Las puntuaciones medias y los coeficientes de variación obtenidos con ambos métodos difieren notablemente en 11 acontecimientos de nuestra escala.

Tabla 7
Acontecimientos vitales culturales en Canarias

Acontecimiento	Valor	sd	Coeficiente de variación
1. Muerte del cónyuge	92	13	16,68
17. Muerte de familiar cercano	73	23	32,80
21. Ruptura de la familia	79	25	31,75
26. Quedarse sin trabajo	82	23	27,50
28. Despido	81	24	30,37
40. Problema legal grave	84	22	26,90
6. Enfermedad prolongada	73	23	32,33
61. Deterioro audición/visión	81	23	29,96

Los siete acontecimientos que reciben mayor puntuación "objetiva" están relacionados con expectación, mejora o eliminación de entorpecimientos, mientras que los cuatro que reciben mayor puntuación "subjetiva" corresponden a acontecimientos generadores de sentimientos depresivos. Esto quiere decir que para medir el impacto de acontecimientos estresantes se aplica, de manera intuitiva, un doble criterio: el "oficial", que corresponde a las evaluaciones objetivas, y el "privado", que corresponde a las subjetivas.

Por poner un ejemplo, no es lo mismo que a un hombre medio normal le cueste llevarse bien con sus vecinos que el que a mí me estén fastidiando los impresentables de enfrente (por eso tiene mayor valor subjetivo a la pregunta "Problemas con los vecinos"). Tampoco da igual que a usted lo asciendan en el trabajo, que vaya suerte que tiene, que el que a mí me den mi merecido ascenso, que ya era hora (por eso este acontecimiento tiene mayor valor objetivo). De este estudio podemos concluir que hay una tendencia a percibirnos a nosotros mismos como más sensibles a las pérdidas que el resto de la gente y, por el contrario, como menos afectables por novedades y expectativas.

Los acontecimientos vitales son, por definición, más o menos esperables en el curso de una vida normal y su duración es relativamente breve. Diferente es el caso de otros dos tipos de factor externo de estrés: el trauma y la sobrecarga. El primero no es esperable en una

Tabla 8
**Diferencias objetivas y subjetivas
en la valoración de acontecimientos vitales**

Mayor valor subjetivo	• Separación de la pareja. • Enfermedad de familiar cercano. • Familiar deja la casa. • Problemas con vecinos.
Mayor valor objetivo	• Aborto deseado o provocado. • Ascenso en el trabajo. • Nuevo empleo. • Éxito personal. • Cambio de costumbres. • Cambio de opiniones políticas. • Vacaciones fuera de casa.

vida normal, tratándose de un acontecimiento excepcional y el segundo, también llamado estrés crónico, no está recortado en el tiempo. Cierto es que algunos acontecimientos vitales pueden ser traumáticos, dependiendo, entre otras cosas, de su intensidad, de su significado y del estado del individuo que los experimenta. Cierto es también que la duración de algunos acontecimientos no está claramente delimitada, pudiendo ser considerados más como sobrecargas que como eventos puntuales. Los cuestionarios de estrés cotidiano estudiados por Sandin, por ejemplo, tienden a reflejar una situación crónica, esto es, una sobrecarga por acumulación de molestias cotidianas repetitivas, más que eventos concretos aislados. Pero estos son problemas o confusiones de variables que el investigador debe tener en cuenta en el planteamiento de sus estudios. Desde el punto de vista clínico, la diferencia entre estrés por cambios vitales, estrés traumático y sobrecarga psicosocial está relativamente clara, y por eso los vamos a considerar de manera independiente. En los dos capítulos siguientes veremos primero las crisis por trauma y después las de sobrecarga.

Capítulo cuatro

Las crisis traumáticas

Aunque los conceptos de estrés y trauma suelen estar asociados, corresponden en realidad a fenómenos muy distintos. El estrés implica una dinámica de resistencia, tensión y lucha, que persiste mientras los factores externos lo exigen o mientras dura la resistencia del organismo. El trauma indica una ruptura, un fracaso de las capacidades de integración, una discontinuidad en la vida psíquica. Lo que se llama estrés traumático no consiste en una mera sobrecarga temporal de las capacidades de adaptación, sino en una alteración profunda y permanente del funcionamiento mental. Por eso, las situaciones de estrés se recuerdan muy bien, mientras que los traumas se acompañan siempre de amnesia más o menos parcial. Para que un estrés se convierta en traumático, es necesario que su intensidad o su naturaleza superen las capacidades de procesamiento del sistema nervioso, dando lugar a disrupciones permanentes en la organización del mundo interno.

En este contexto, puede bien decirse que **una crisis** es una experiencia estresante, que en algunos casos llega a ser traumática y que casi siempre provoca, o viene precipitada por, un cambio vital. El elemento distintivo de la crisis es la convicción o decisión interna de que la situación es insostenible y que es preciso hacer algo para transformarla. La motivación hacia el cambio es una respuesta apropiada a la percepción subjetiva de la naturaleza del estado de crisis.

4.1. ¿Qué es un trauma?

Curiosamente, el concepto de **trauma psíquico** apareció antes que el de estrés. Fue creado a finales del siglo XIX por un médico de Viena llamado Joseph Breuer y su joven colaborador, el entonces desconocido Sigmund Freud. Su definición inicial de trauma fue "toda experiencia evocadora de emociones desagradables, tales como pánico, angustia, vergüenza o dolor físico". Pero años después Freud elaboró el concepto y lo volvió a formular en términos más generales y de mejor apariencia científica:

Una experiencia es traumática cuando, en un corto lapso de tiempo, produce una sobrecarga de excitación neuronal que no puede ser disipada de la manera habitual, dando como resultado alteraciones permanentes en la distribución de la energía psíquica.

Es muy interesante que, a pesar del tiempo transcurrido, esta definición sigue siendo aceptada, incluso por los investigadores más antipsicoanalíticos. Actualizando ligeramente los términos, hubiera podido ser formulada por un neurocientífico moderno. Como dice un psicoanalista norteamericano amigo mío, Freud era bueno como escritor y pasable como científico, pero absolutamente extraordinario en su capacidad de tener ocurrencias certeras (*guessing right*, dice él).

Un cierto nivel de estrés es inevitable y, además, necesario para el normal desarrollo de la personalidad. Sin embargo, cuando su intensidad es excesiva, o su cualidad inapropiada, aumenta la probabilidad de que aparezcan manifestaciones patológicas. Cuando las circunstancias estresantes son de tal intensidad y naturaleza que producen una desestabilización súbita y total de las estructuras mentales o un desbordamiento amplio de las capacidades de procesamiento de la nueva información, el fenómeno resultante se denomina "estrés traumático". El paralelismo entre los conceptos de trauma y estrés psicológico grave es tan marcado que a veces se consideran sinónimos. Se entiende, entonces, como trauma psíquico todo estímulo que exige un esfuerzo exagerado de los mecanismos psicológicos de afrontamiento y de defensa, pero esta apreciación no es del todo correcta. Como señala Benyakar, el trauma no es meramente el extremo superior de un continuum de niveles de estrés psicológico, sino que implica la trasposición de ese dintel superior. En cierta forma, se puede considerar análogo al concepto de estrés crítico de Cannon. Una experiencia traumática desestructura el funcionamiento psicológico habitual, que ya no puede seguir su curso ni siquiera de manera forzada, como lo hacía en niveles inferiores de estrés. Tras la experiencia traumática se produce una nueva manera de estructurar el funcionamiento mental.

El trauma, o estrés traumático, es una vivencia insoportable que produce una ruptura en la continuidad de la vida psíquica.

Las causas más frecuentemente reconocidas como susceptibles de causar un trauma son:

- Situaciones de violencia física, en las que la propia vida o la de un allegado corre peligro, como atracos, guerras, peleas o atentados terroristas.
- Accidentes graves de circulación, laborales o de otro tipo.
- Violación o abuso sexual.
- Situaciones amenazantes, como ser raptado, maltratado, etc.
- Ataque por un animal feroz.

La mayoría de los manuales diagnósticos de psiquiatría recomiendan restringir el apelativo de situación traumática a aquellas en las que corre grave peligro la propia vida o la de un allegado, o en las que uno es testigo de similar violencia cometida contra otra persona. Sin embargo, es relativamente frecuente encontrar síntomas de estrés traumático en personas cuyas experiencias no cumplen estos criterios. Por eso, la mejor manera de hacer una historia traumática es hablar con la persona afectada en una entrevista abierta, repasar las distintas épocas de su vida y prestar particular atención, según vamos tratando los diferentes tópicos, a manifestaciones de activación emocional o de su contrario, el bloqueo de las asociaciones. Hay que tener en cuenta que lo que define el trauma es la *vivencia insoportable*, que es algo muy subjetivo y personal y que no siempre coincide con valoraciones externas. Determinadas formas de interpretar las experiencias pueden aumentar o disminuir el impacto de los sucesos, algunos de los cuales adquieren valor traumático no por sí mismos, sino por activar o servir de conexión a otros sucesos que sí que lo fueron. Esto último es lo que se llama *estrés simbólico o trauma simbólico*, un fenómeno muy frecuente en el ser humano.

Hay varios cuestionarios para detectar si una persona ha sufrido experiencias traumáticas en el sentido restringido u objetivo. A continuación incluyo el que estamos utilizando en los estudios sobre Experiencias Traumáticas y Salud Mental en el Departamento de Psiquiatría de la Universidad Autónoma de Madrid. Si alguno de los traumas está presente, hay que preguntar también cuántas veces ocurrió y a qué edad o edades aproximadas.

Como parece lógico, cuantas más veces se repita una situación traumática, más graves serán sus efectos. Los traumas repetitivos se reactivan mutuamente, hasta el punto de que un incidente menor puede adquirir gran valor traumático por su asociación con sucesos anteriores

CUESTIONARIO DE EXPERIENCIAS TRAUMÁTICAS
(© L. de Rivera, 2005)

El estrés es una respuesta automática del organismo ante situaciones que exigen mayor esfuerzo de lo ordinario, o en las que puede suceder algo peligroso, nocivo o desagradable.

	N.º de veces	Edad aproximada
1. ¿Ha estado alguna vez en una colisión o accidente de coche, moto, avión, barco u otro vehículo?		
2. ¿Ha estado usted en alguna guerra?		
3. ¿Ha estado alguna vez en un huracán, tornado, inundación, terremoto, explosión o incendio?		
4. ¿Alguien le ha disparado o apuñalado, o ha intentado dispararle o apuñalarle?		
5. ¿Ha sufrido algún asalto, atraco o robo a mano armada?		
6. ¿Ha tenido alguna vez un accidente en el trabajo o en casa?		
7. ¿Ha sido alguna vez golpeado, estrangulado o físicamente maltratado por alguien, incluyendo la pareja o un familiar, alguna vez en toda su vida (desde la infancia hasta la actualidad)?		
8. ¿Ha sido alguna vez mordido por un perro, perseguido por un toro o atacado por otro animal?		
9. ¿Alguna vez le han amenazado con matarle, hacerle daño o someterle a alguna actividad sexual en contra su voluntad, aunque en realidad no llegaron a hacerle nada?		
10. ¿Alguien le ha hecho algo sexual en contra de su voluntad o le ha obligado a hacer algo sexual (violación, agresión sexual, contacto sexual)?		
11. ¿Ha visto a otra persona ser seriamente herida o asesinada?		
12. ¿Ha visto a sus padres u otros familiares con los que convivía discutir seriamente, gritarse o pegarse?		

	N.º de veces	Edad aproximada
13. ¿Sufrió en la escuela experiencias de discriminación, acoso o maltrato por los profesores u otros niños?		
14. Siendo adulto, ¿ha sido alguna vez discriminado, maltratado o acosado psicológicamente en su lugar de trabajo?		
15. En alguna otra situación, ¿se ha sentido acosado, discriminado o maltratado psicológicamente?		
16. ¿Ha tenido alguna intervención quirúrgica sin anestesia o sólo con anestesia local?		
17. ¿Ha tenido alguna intervención quirúrgica con anestesia general?		
18. ¿Ha tenido alguna otra experiencia que le haya dañado seriamente o que le hiciera temer que iba a ser dañado gravemente o a perder la vida?		

de mayor gravedad. Hay casos en los que ninguno de los sucesos de una cadena tiene gran intensidad ni significado –son *microtraumas*, insuficientes cada uno de ellos por sí solo para constituir materia de una verdadera crisis traumática– pero el efecto combinado de todos ellos juntos acaba por superar la tolerancia del individuo. Veremos con detalle el fenómeno de la acumulación de microtraumas en el capítulo siguiente, al tratar de los efectos de la sobrecarga psicosocial.

La edad a la que se sufre el trauma también tiene su importancia. Cuanto más joven sea el sujeto más severamente se verá afectado, por tres razones, dos de ellas bastante claras y otra menos evidente:

- La capacidad de procesar nueva información tarda en madurar y puede ser sobrepasada fácilmente en los primeros años de vida. Algunos acontecimientos, como aquellos que producen excitación sexual, son relativamente fáciles de encajar en el adulto, pero son prácticamente imposibles de digerir en el niño.
- Los efectos del trauma interfieren con los procesos de personalización y de socialización, distorsionando las experiencias posteriores e interfiriendo con el desarrollo normal.

- Las experiencias traumáticas infantiles predisponen a patologías psiquiátricas graves en la edad adulta, especialmente depresión, trastornos bipolares, alcoholismo y drogadicción[16].

Antes de continuar, quiero aclarar la diferencia entre situación (o evento, suceso, acontecimiento, etc., palabras que voy a usar como sinónimas en este contexto), experiencia y vivencia.

a) El **acontecimiento** es algo que ocurre, observable, externo al sujeto que lo vive. Salvando las diferencias subjetivas demostradas en estudios sobre la psicología de los testigos, todas las personas presentes pueden ponerse de acuerdo sobre lo que ha pasado. Puede registrarse en video. Un determinado acontecimiento pueda tener efectos traumáticos si cumple alguna de las siguientes características:

- Es inesperado. Ya hemos visto que ser cogido por sorpresa o desprevenido es uno de los condicionantes de las crisis.
- Interrumpe el curso habitual y normal de nuestra vida. Quedarse en paro, separarse de los amigos o la familia, etc., son ejemplos.
- Destruye el sentimiento de confianza en los demás. Como una traición, un abuso sexual, un robo o un atraco.
- Aporta elementos totalmente nuevos no fácilmente integrables en nuestra visión del mundo. Como en el shock cultural y la exposición forzada a costumbres y creencias radicalmente diferentes.
- Amenaza la integridad física de uno mismo y/o de los allegados. Ser apuntado con un arma, perseguido por un toro, estar en una explosión, o en un incendio, etc.
- Destruye el entorno habitual, físico y social. Desalojo, ingreso en un hospital, polución, ruidos, bandas callejeras, etc. Un cambio brusco de cultura empresarial, un traslado de lugar de trabajo o una alteración jerárquica.
- Entra en contradicción brusca con las creencias y visión del mundo. Una doctora acuchilla a varios enfermos en un hospital. Un esposo amante y solícito comunica de repente que se ha enamorado de otra y que se va de casa.
- Produce una estimulación excesiva e insoportable. Gritos que no callan, excitación sexual precoz o un dolor intenso.

---

[16] Éstos son los primeros resultados del Proyecto Depresión, Estrés y Violencia, llevado a cabo en la Fundación Jiménez Díaz: "History of Childhood Abuse in Psychiatric Patients With and Without Drug Addiction". de Rivera L, Baca E, Quintero J et al. American Psychiatric Association 2006 Annual Meeting.

b) La **experiencia** es la percepción personal de quien está viviendo la situación. Es subjetiva y, aunque puede relatarse y trasmitirse a los demás, estos no tienen acceso directo a la misma y deben guiarse por las manifestaciones del sujeto. Las demás personas no tienen acceso a las asociaciones, recuerdos y temores que modulan y condicionan una experiencia determinada. Por ejemplo, una persona puede tener una experiencia exagerada o distorsionada porque el acontecimiento le recuerda otro anterior muy grave. La personalidad y el estado psicológico del individuo en el momento del acontecimiento son otros factores internos que modulan la experiencia. La depresión, el desánimo y la desmoralización tienden a empeorar la experiencia, mientras que el optimismo y la confianza la mejoran. También hay factores externos que modifican la experiencia, como los efectos del alcohol, que disminuye la capacidad subjetiva de valorar los acontecimientos y favorece sentimientos de valentía y omnipotencia. Incidentalmente, ésta es posiblemente la razón por la que casi todos los ejércitos del mundo han sido muy tolerantes con las borracheras de sus soldados en tiempos de guerra. Las drogas estimulantes, como las anfetaminas o la cocaína tienen el efecto contrario.

c) La **vivencia** es algo más que la experiencia. Podemos definirla como "la experiencia vivida", es decir, incorporada al conjunto general de transformaciones que han ido construyendo nuestro ser desde su nacimiento. Para que una experiencia llegue a ser vivencia tiene que tener un sentido que le permita ser comprendida, es decir, encajada con todas las demás vivencias que han ido configurando nuestro mundo interno. La vivencia incluye la representación interna del suceso más todos los sentimientos y significados que pueda tener para la persona que lo vive. No sé si está quedando claro, pero no quiero extenderme mucho ahora sobre un concepto al que tendríamos que dedicar un libro entero para hacerle justicia. Podemos tener una experiencia sin vivencia, o al menos sin vivencia completa. Eso es lo que pasa cuando no podemos comprender algo que nos ha ocurrido, o cuando nos negamos a aceptar algo que nos trastorna demasiado: no queremos o no podemos completar la vivencia. Un trauma es una vivencia insoportable, es decir, una experiencia que no hemos podido vivir por completo.

Marta me contaba su reacción tras la muerte de una persona muy querida, ocurrida en accidente durante un viaje, muchos años atrás:

No quise que me dieran detalles, ni que me contaran cómo había sucedido. No quise saber nada, ni de lo que pasó antes ni de lo que hicieron después.

Aposta, de manera deliberada, Marta no quiere completar su vivencia, porque:

Hubiera podido coger manía a alguien, o coger miedo a algo, o rechazar las cosas que él estaba haciendo o los sitios a los que él había ido...

En este caso, la interrupción de la vivencia es voluntaria. Sabe que él murió, porque se lo han dicho, pero no quiere vivir la experiencia de su muerte. Es parecido a lo que yo hice cuando, de niño, perdí a mi padre. Mantuve mi relación con él en "suspensión animada", sin querer vivirla a fondo, por lo menos no hasta que me sintiera preparado. Cuando esto se hace, la experiencia de pérdida queda en un terreno teórico, intelectual. Al no ser vivida por completo, parece que no ocurrió:

A veces tengo la impresión de que va a volver en cualquier momento, sé que está en algún sitio, no sé dónde, pero no ha desaparecido de mi vida –decía Marta.

Creo que cuando la vivencia se interrumpe voluntariamente, las consecuencias no son tan graves, psicológicamente hablando, como cuando el procesamiento vital de la experiencia se detiene porque, emocionalmente, resulta imposible seguir adelante. Hay verdades que no estamos preparados para soportar y es entonces mejor no creérselas y, en consecuencia, no vivirlas.

Pero ¿qué pasa cuando llegamos tarde, cuando ya estamos viviendo algo que no encaja en nuestra vida anterior? Esa es la crisis traumática. El hilo de la experiencia se corta de repente y sólo quedan dos salidas: 1) repararlo, integrar la vivencia traumática y seguir la vida, o 2) dejar un hueco en la existencia, un vacío permanente que, sin embargo, se intenta continuamente rellenar.

4.2. Las dos posibilidades de evolución de la crisis traumática

Veamos un ejemplo de la primera posibilidad:

Estaba en casa con mi padre viendo la televisión. Oímos pasos y vi que entraba un chico alto, con un jersey verde de cuello alto. Pensé que era mi hermano y me acerqué a abrazarlo. Entonces me cogió del cuello y apoyó una pistola en mi cabeza. Me di cuenta que no era él y al mismo tiempo no podía creer que fuera otra persona. "Sólo quiero todo el dinero que tengan, no haré daño al niño si me lo dan", dijo, mientras hacía círculos con el cañón de la pistola. "Esto no está pasando", me dije, "me he quedado dormido y estoy viendo la televisión en sueños". No podía hablar. Intenté decir que me dejara, que me hacía daño y sólo oí un ruido, como un gruñido que salía de mí, sin que yo pudiera articular palabra.

Este caso auténtico me lo contaba un niño de doce años. Afortunadamente, no pasó nada más. El padre dio al ladrón el dinero que tenían en casa y éste se fue sin hacerles más daño.

Después de que se fue, me di cuenta del miedo que había pasado. Tuve que contarlo muchas veces, para acabar de convencerme de que no había sido un sueño. Es curioso, ahora mismo estoy temblando, más que cuando me tenía con la pistola en la cabeza.

Por su parte, el padre, que estaba tumbado medio dormido en un sofá cuando empezó la dramática situación, refiere que, en cuanto se dio cuenta de lo que estaba pasando, sintió primero rabia al ver a su hijo amenazado y enseguida alivio al recordar que guardaba unos cuantos billetes en un cajón. No llegó a experimentar miedo, porque un sexto sentido le dijo que era verdad lo que el ladrón decía y se concentró en darle el dinero sin hacer ningún movimiento brusco.

Cuando acabó todo, padre e hijo se fueron de compras a unos grandes almacenes (*play station*, televisión nueva, teléfono móvil, juegos de ordenador, etc.), una manera de negar la pérdida económica y también de distraerse y pensar en otra cosa. Además, durante días, se contaron la experiencia el uno al otro y a todo el que encontraban, llegando a veces a hacerse bromas, con algunos comentarios como los siguientes:

La verdad, es que para tres mil euros no fue nada emocionante (quitando gravedad al asunto, haciendo como si hubiera sido un espectáculo o diversión de feria).

Oía todo el tiempo un ruido, hoouummmm, como de cañerías. Luego me di cuenta de que era mi garganta intentando hablar (reprocesando la experiencia y tomando conciencia de aspectos de ella no suficientemente vividos, para poder integrarlos apropiadamente).

El shock o inhibición emocional instantánea tiene lugar cuando los mecanismos de evaluación de la realidad externa se bloquean, bien porque lo que está ocurriendo es tan ajeno a la experiencia normal que no puede procesarse, bien porque las reacciones que se disparan son tan contradictorias que se contrarrestan unas con otras. Tiene una función evolutiva, ya que evita la acción cuando no existe ninguna opción sobre lo que hay que hacer. Se diferencia de la inhibición emocional consciente y deliberada, que es la que tiene lugar cuando, tras evaluar globalmente la situación, se decide un curso de acción para el que la mejor emoción es la calma o, en su defecto, la congelación afectiva.

Las emociones que se presentan tras el momento de shock indican ya una valoración de la situación, que lleva implícita una acción automática asociada con la emoción. El miedo está relacionado con la decisión extraconsciente de alejarse de un peligro. La ira, que es muy parecida al miedo y aparece en circunstancias muy similares, representa la decisión de apartar o destruir una amenaza. En el mejor de los casos, la acción propuesta por las emociones se toma como informativa, pero la decisión última sobre lo que hacer no se toma en relación a ellas, sino después de una valoración consciente, que tiene en cuenta la anticipación de posibles consecuencias. Con frecuencia, este paso requiere una inhibición voluntaria de la emoción, o inhibición secundaria, que es diferente del shock o inhibición primaria.

Ataque → Shock →Emoción → Estrategia cognitiva →
→ Inhibición emocional secundaria → Acción

La parálisis de los procesos emocionales, sea automática o deliberada, produce una tensión que es necesario disipar después de que la situación de crisis ha pasado. En el ejemplo anterior, el niño y su padre compensaron en parte su experiencia de vulnerabilidad demostrándose a sí mismos que mantenían su poder adquisitivo. Es curioso que lanzarse en un ataque de compras sea una compensación, bastante frecuente, de sentimientos de vacío e impotencia pero, en este caso, les sirvió además para minimizar su pérdida y compensarse por el mal rato sufrido. Al mismo tiempo, reprocesaron la situación, contándosela uno al otro y a terceras personas tantas veces como les fue necesario para comprender que habían pasado un peligro, que habían tenido miedo, que habían actuado de la manera apropiada y que estaban a salvo. También instalaron un nuevo sistema de seguridad en la vivienda, abandonaron su costumbre de dejar abierta la puerta del jardín y compraron dos perros de presa. Todas estas transformaciones indican una forma bastante sana de manejar una crisis y sus consecuencias.

Reacción subjetiva	Solución
1. Shock, inhibición emocional masiva	Repasar la situación mentalmente o, mejor, hablando con otra persona, hasta que se produzca una reacción emocional que indique que la situación está siendo vivida apropiadamente.
2. Experiencia de pérdida	Duelo, procesar la pérdida hasta que uno acabe por aceptarla. A continuación, procurar repararla sustituyendo o compensando lo perdido.
3 Vivencia de vulnerabilidad	Demostrarse poder en otras áreas. Tomar medidas para protegerse o defenderse mejor.

Segunda ley de gestión de las crisis: lo primero es mantener la calma. Después, en una situación de seguridad y apoyo, repasar lo ocurrido todas las veces que haga falta hasta disipar las vivencias emocionales negativas y construir una vivencia positiva de superación y reparación.

La segunda posibilidad de evolución en una crisis traumática es la **disrupción**, término tomado de Benyakar, con el que designamos la alteración permanente de la distribución de la energía psíquica y del sentido de la vida. Los síntomas que aparecen expresan, por un lado, el defecto o daño que ha sido producido y, por otro, el esfuerzo de las estructuras mentales para lograr su reparación. Cuando más tiempo se tarde en iniciar el proceso de formación, integración y reparación de la vivencia traumática, más difícil (pero no imposible) va a ser. La parálisis emocional se solidifica, dando lugar a irritabilidad, episodios de ansiedad inmotivada y a bloqueos emocionales, rigidez y falta de contacto afectivo. La negativa a vivir la experiencia se consolida en una vivencia negativa, que algunos autores llaman "vivencia del vacío", que representa el fallo en la formación de estructuras mentales representativas del evento y de su experiencia. El afecto más destructivo, dañino y perjudicial con que nos podemos encontrar después de un trauma no es el miedo, ni la cólera, ni la depresión, sino la disrupción, un sentimiento de vacío vago, difuso y difícil de describir, que acompaña a la vivencia de discontinuidad.

Cuando el proceso de resolución de la crisis traumática fracasa, sobre todo si ésta ha sido muy intensa o si se han ido acumulando muchas, la conciencia se fragmenta y el sentido personal de identidad se vuelve frágil y provisional. Como primer intento de compensación, las circunstancias y condiciones que amenazan la vivencia de continuidad son rechazadas, negando todo cambio y dificultad. Es la **negación del estrés**, pretender que no ha pasado nada. Esta negación tiene lugar a tres niveles:

- **Consciente voluntario**. Autoconvencerse de que no ha pasado o que no pasa nada, negar la evidencia. Forzarse a pensar en otras cosas. Una mujer maltratada por su marido o un trabajador acosado en su empresa pretenden que la vida es así, o que se lo merecen.

- **Inconsciente interno**. Bloqueos y amnesias. No poder recordar el suceso. Interrupción de las asociaciones cuando un tema nos lleva hacia el acontecimiento en cuestión. La mujer maltratada, por ejemplo, puede conversar vivamente sobre sus estudios, pero se vuelve difusa y distraída cuando se habla de bodas o parejas.

- **Inconsciente externo**. Evitar situaciones, personas o lugares que puedan asociarse con el suceso traumático. Por ejemplo, el trabajador acosado que no puede acercarse a su antigua empresa. El superviviente de un accidente de tráfico que no puede montar en coche. El gato escaldado que huye del agua fría (esto es un refrán, pero traduce bien la evitación postraumática: el agua fría no quema, pero da igual, porque recuerda a la caliente).

Si la defensa de negación fracasa, irrumpen las emociones negativas, junto con recuerdos fragmentarios de la experiencia. Para evitarlas, pueden producirse, como segunda línea de defensa, algunas o todas las siguientes reacciones:

- Recurrir al alcohol o a las drogas para atontarse y bloquearse mejor.
- Caer en el autoestrés [17], que empieza con obsesiones sobre el suceso traumático y continúa realimentándose con anticipaciones de repetición y construcciones imaginarias de todas las terribles cosas que pueden pasar.
- Provocar o buscar situaciones de cambio, sin más planificación ni sentido que el de escapar de los sentimientos desagradables. Esto puede traer consecuencias desastrosas, como generar más violencia, caer en la promiscuidad, viajar de manera errante, etc.

Si falla la segunda línea de defensa, la vivencia de disrupción se hace dominante, la vida pierde por completo su sentido y el individuo se siente en un estado de depresión fría y desesperada, con sentimientos de vacío y de desconexión de todo lo que le rodea. En ocasiones, puede mantener su compostura e incluso desempeñar razonablemente bien sus tareas habituales, pero de manera robótica, sin tomar verdadero interés en lo que hace ni en las personas que le rodean. El suicidio o la descompensación psicosomática grave son riesgos muy importantes en este tercer estadio.

4.3. Efectos de una crisis traumática

La reparación creativa y total de una crisis traumática suele acompañarse de sentimientos de bienestar, aumento de la autoestima y mayor confianza en uno mismo y en el futuro. La construcción de una nueva visión del mundo se ha completado con éxito, la regulación de los sentimientos se ha vuelto más fina y resistente, los procesos de percepción e integración de la realidad han tenido oportunidad de entrenarse y la persona afectada ha logrado ampliar sus capacidades. La experiencia repetida de éxito total en la superación de crisis lleva al desarrollo de una cualidad que se ha llamado

---

[17] Literalmente, estrés causado por uno mismo. Designa un proceso patológico en el que los efectos de un impacto estresante agudo son automantenidos de manera circular. Se describe en mi libro *Los síndromes de estrés*, págs. 96-97.

"resiliencia"[18], una combinación de tolerancia a disrupciones de la vida cotidiana, confianza en sí mismo, creatividad en la resolución de problemas y excelente capacidad de regulación emocional. El entrenamiento en resiliencia es una pauta óptima de educación, que requiere aprender a mantener la calma, a contener los sentimientos[19] y a actuar de manera precisa en el momento apropiado.

Lo contrario al entrenamiento en resiliencia es el "desfondamiento progresivo", una condición en la que, tras una serie de crisis casi resueltas –notad el énfasis en casi– una persona pasa bruscamente de un estado de aparente normalidad a otro de intensa desestructuración, después de que un pequeño incidente actúe como gota que colma el vaso. El síndrome del quemado, del inglés *burnout*, se produce por la acumulación de incidentes traumáticos no resueltos, cada uno de intensidad mínima, pero que progresivamente van minando la resistencia del organismo.

El fracaso total y absoluto en la reparación de una crisis traumática es raro. Lo más frecuente es que se combinen intentos de resolución parcial con distintos grados de disrupción. Es habitual encontrar mezclas variables de síntomas de inhibición y de activación, y ello incluso mucho tiempo después de terminada la situación de crisis. Aunque el suceso traumático pertenezca al pasado, la experiencia continúa presente y se repetirá mentalmente hasta conseguir formar una vivencia digerible.

Aunque las dinámicas de activación e inhibición están siempre entremezclas y son interactivas en todos los dominios psíquicos, es costumbre dividir los efectos patológicos de una crisis traumática, por razones didácticas, en tres grandes apartados:

- Alteraciones del pensamiento y de los procesos cognitivos en general.
- Alteraciones por disregulación de las emociones.
- Alteraciones de la identidad y el comportamiento.

---

[18] Traducción horrible del inglés *resilience*, elasticidad, que significa en física "propiedad de la materia que se opone a la rotura por el choque o percusión" y también "índice de resistencia al choque de un material". En términos psicológicos, quiere decir "resistencia al sufrimiento", tanto desde el punto de vista de la capacidad de resistir los traumas psicológicos como del de reparar sus efectos.

[19] *Contener los sentimientos* no es lo mismo que reprimirlos o pretender que no existen. Contener quiere decir lograr que quepan dentro, no por constricción sino por ampliación del alma. Es un concepto algo difícil, que explico de manera operativa en *Cabalgar el tigre*, www.psiquis.com.

Defensa	Cognitivo	Emocional	Comportamiento
Negación, inhibición.	Bloqueos, amnesia, distractibilidad, ensimismado y distante, "como ido".	Disociación, embotamiento afectivo, apatía.	Somnolencia, evitación.
Activación, búsqueda.	Presión del pensamiento, imágenes y recuerdos intrusos, clic asociativo.	Psicosomático funcional, angustia, irritabilidad.	Insomnio, inquietud.
Vacío.	Disrupción, desorganización.	Depresión, desesperación.	Incapacidad de actuar, de amar.

4.3.1. Alteraciones de los procesos cognitivos

El shock o inhibición masiva de los procesos cognitivos es el síntoma más llamativo de la crisis traumática. Suele ser de corta duración y da paso enseguida, en el mejor de los casos, al procesamiento adecuado de la realidad o, en el peor, al bloqueo persistente de funciones cognitivas esenciales, como la memoria y la atención. En este segundo caso, es característica la sensación de entorpecimiento de la capacidad de pensar, junto con dificultades para fijar la atención y mantener la concentración, olvidos de datos recientes y dificultad para recordar conocimientos o información antigua. La amnesia para el suceso traumático y el contexto en el que tuvo lugar es más o menos completa.

En pleno día, en un hospital de Madrid, una doctora enloqueció súbitamente y mató a cuchilladas a tres personas e hirió a otras siete. Todo el equipo del servicio de psiquiatría se reunió en un pequeño despacho, mirándose unos a otros en silencio. De repente, el jefe dijo: "Esto es una catástrofe y tenemos que poner las medidas para prevenir el síndrome de estrés postraumático". El color volvió a todos los rostros y los psiquiatras se movilizaron para atender a los pacientes y familiares, al personal sanitario y, en general, a todos los testigos de la tragedia, que habían sido más de cuarenta. Un simple dato cognitivo, el poner nombre a la situación, los sacó del estado de estupor en el que se encontraban. Naturalmente, todos sabían, al menos en teoría, en qué consiste el estrés traumático y qué es lo que hay que hacer cuando se presenta.

El aspecto ensimismado, como "ido", es una secuela muy característica de las crisis traumáticas. Cuando el trauma ha sido generalizado, como ocurre después de una guerra, o entre los supervivientes de campos de concentración, estas manifestaciones inconspicuas de inhibición están tan bien distribuidas y son tan frecuentes que, para quien viene de fuera, pueden parecer un rasgo cultural.

Hace unos meses estuve en Camboya, país con el que la Universidad Autónoma de Madrid mantiene un programa de cooperación internacional. Durante muchos años, este bello país ha sido un infierno, a causa, sobre todo, del sanguinario dictador Pol Pot, que hizo ajusticiar a millones de habitantes por crímenes tan graves como no tener callos en las manos (lo cual demuestra que son capitalistas opresores) o saber idiomas (lo cual demuestra que son agentes del imperialismo extranjero). Sea como fuera, cuando yo estuve la paz había vuelto y el resurgir del país era notable. En mis paseos, me llamó la atención la relativa frecuencia con la que encontraba a personas, sobre todo mayores, de aire ensimismado, aspecto ausente y poco comunicativas. Como yo sabía que el camboyano, en general, es simpático, siempre con la sonrisa en los labios, muy atento con los demás y deseoso de causar buena impresión, me sorprendieron mis observaciones. "Estarán emporrados", pensé, "o quizá son de alguna etnia especial que cultiva el mutismo oriental". Mi colega, la Dra. Dany Chea me sacó de dudas: "Son supervivientes de los Khmer Rouges" —me dijo— "a algunos les han matado a toda su familia, la mayoría ha estado en peligro de muerte y se salvaron de milagro". La Dra. Chea, que ha estudiado muy bien el tema en su tesis Coping with Trauma the Cambodian Way *(Haciendo frente al trauma a la camboyana), me confirmó que el aire ausente y la irritabilidad son dos síntomas muy frecuentes entre la población, restos evidentes de la grave crisis traumática de la que acababan de salir.*

Otro síntoma importante es el "clic asociativo", que da paso a la **presión focalizada del pensamiento.** La conversación puede transcurrir con relativa normalidad hasta que el tópico que se está tratando se acerca a temas asociados con el acontecimiento traumático. La relación puede ser lógica y fácil de prever o muy lejana, incluso sorprendente. Cuando se produce el "clic asociativo" pueden ocurrir dos cosas: o el sujeto se bloquea, se queda emocionalmente embotado, como anestesiado y pierde el hilo de lo que estaba diciendo (es decir, se intensifican los síntomas de inhibición) o bien, por el contrario, se acelera y se lanza a describir, en todo detalle y con creciente expresividad emocional, las experiencias traumáticas que ha sufrido.

Cuando estaba escribiendo El maltrato psicológico *fui invitado a un almuerzo de la Junta Directiva de la Asociación Española contra el Acoso Psicológico en el Trabajo. Los asistentes me parecieron muy amables, inteligentes y educados y la conversación fue trascurriendo de manera agradable y mesurada. De repente, sin venir mucho a cuento, (estábamos hablando de un viaje del que yo acababa de regresar) uno de los comensales mencionó que su jefe le había negado unas vacaciones a las que tenía derecho y que eso no era lo peor, sino que además... El tono general cambió como por ensalmo. Todos empezaron a contar su historia, algunos atropelladamente, sin prestarse gran atención unos a otros. Sin poderlo evitar, me acordé del viejo refrán "Cada loco con su tema"* [20].

He denominado a este síntoma **presión focalizada del pensamiento** [21], para distinguirlo de la presión generalizada del pensamiento, un síntoma casi patognomónico del trastorno bipolar en fase maníaca, que consiste en hablar mucho y muy deprisa, pero sin tema específico, saltando de un tópico a otro en función de las circunstancias externas o de las ocurrencias espontáneas del paciente. A diferencia de este síntoma maníaco, la *presión focalizada del pensamiento* tiene un tema concreto, precisamente el acontecimiento o conjunto de acontecimientos que constituyen la crisis traumática que el sujeto no ha podido superar, siendo el resto de su conversación totalmente normal. La necesidad de contar es más frecuente en las crisis por microtraumas repetidos que en aquellas en las que el suceso causal es un único evento de ocurrencia bien recortada en el tiempo. Se puede entender como un mecanismo de eliminación o descarga de contenidos mentales indigeribles que, al no tener una representación adecuada en el

---

[20] Dicho sea esto con el mayor respeto y consideración, sin otra pretensión que la de ayudar al lector a comprender una situación en la que él mismo puede encontrarse en alguna ocasión. Las experiencias de acoso psicológico son "enajenantes", es decir, lo sacan a uno de sí mismo, de sus casillas, y toda lógica, educación y respeto quedan sumergidas por la necesidad de "descargar" contenidos mentales insoportables, con los que no se puede construir una conversación normal hasta que no sean adecuadamente digeridos. A mí me ha pasado y he visto a mucha gente que le pasa.

[21] Véase *El maltrato psicológico*, Altaria, págs. 185 y siguientes.

mundo interno personal, no pueden "guardarse dentro". Relatar la experiencia traumática parece producir un cierto alivio por sí mismo, pero no es el mero relato o repetición de palabras lo que favorece la neutralización progresiva de la experiencia traumática, sino la transformación del relato en contenidos simbólicos que puedan ser incorporadas al mundo interno. La presencia de una segunda persona que escucha el relato con calma y comprensión es importante para que se pueda producir esta integración. Esto es lo que Guimón llama la "función detoxificadora" del terapeuta y Winnicott "contención". En mi libro *Cabalgar el tigre* describo este proceso con el nombre de "contener el trauma" (= mantener el trauma cómodamente dentro), que consiste en ampliar progresivamente un área de conciencia en la que predominan sentimientos de calma y serenidad, e ir incluyendo en ella los recuerdos del suceso traumático. Además de relatar la experiencia a un terapeuta sereno y comprensivo, cumplen también una función detoxificadora otras actividades, como escribir, dibujar o pintar sobre el tema y realizar ejercicio físico contenido, tipo Tai Chi, artes marciales o pilates.

Aunque la persona afectada caiga en la presión focalizada del pensamiento sin darse cuenta y, una vez que ha comenzado, le cueste parar, no puede decirse que sea algo totalmente involuntario. Por lo menos, no se acompaña de rechazo y deseos de evitación sino, todo lo contrario, de necesidad de relatar. Son los demás, sus familiares, amigos y su entorno en general, los que cada vez están más hartos de su repetición monotemática, que les resulta exasperante, primero, porque no saben cómo ayudarle y segundo, porque acaban por descubrir que la presión focalizada no precisa respuesta, sólo recepción.

Cuando empieza a contarme sus desdichas por enésima vez, me enervo porque me siento como un cubo de basura, no quiere que le ayude ni que le aconseje, sólo quiere descargar todas sus penas sobre alguien. Comprendo que necesite desahogarse, pero a mí me pone mala, ya me tiene harta.

Estos son unos comentarios, bastante típicos, del cónyuge de una persona que está sufriendo acoso laboral.

Muy distinto a la presión focalizada del pensamiento son las *intrusiones obsesivas*, que consisten en ideas, imágenes, recuerdos, que se meten en la cabeza del sujeto en contra de su voluntad, causándole intenso malestar y angustia. En ocasiones se pueden revivir experiencias completas, como si se estuviera de nuevo en la situación, como en la famosa escena del *flashback* de Rambo. Las intrusiones obsesivas pueden aparecer en cualquier momento, siendo característico que lo hagan cuando el sujeto está relajado o empezando a dormirse.

Magdalena había sido amenazada de cerca con un cuchillo, en un ataque en el que murieron dos de sus compañeras. Cuando vino a la consulta, llevaba tres días sin poder dormir, desde el día del ataque. No podía cerrar los ojos porque, nada más hacerlo, veía claramente el rostro desencajado de su atacante, blandiendo el cuchillo a la altura de su rostro. Cuando caía rendida por el agotamiento, el sueño le duraba escasos minutos, porque enseguida le sobresaltaba la imagen aterradora.

En ocasiones, las intrusiones obsesivas no aparecen espontáneamente, sino sólo cuando ocurre algo que recuerda el contexto en el que el suceso ocurrió originariamente.

Los padres de Juan se separaron cuando era niño. Sabe que se llevaban muy mal, pero había olvidado completamente el episodio final de la ruptura entre ellos. Un día, discutiendo con su esposa durante la comida, le vino bruscamente a la mente la imagen de su padre, rojo de ira, levantando con las dos manos la sopera y estrellándola sobre la mesa. Se sobresaltó tanto que se echó a llorar en ese mismo momento, como si volviera a ser un niño pequeño. Desde entonces, le ha vuelto a venir la misma imagen de vez en cuando, junto con una sensación de miedo y ganas de llorar.

4.3.2. Alteraciones en la regulación de emociones e impulsos

Una respuesta emocional está bien regulada cuando es apropiada en calidad y en intensidad a la causa que la produce. Sentir miedo cuando nos embiste un toro es apropiado, porque nos energiza para salir corriendo. Una emoción está *sobrerregulada* cuando su manifestación es insuficiente en relación con la causa que la produce e *infrarregulada* si su manifestación es excesiva. Si cuando embiste el toro nos quedamos paralizados, inhibidos, quietos, el miedo está sobrerregulado. Si tenemos un ataque de pánico que nos hace ineficaces en nuestra huida y sólo acertamos a gritar y a correr en redondo, está infrarregulado. Una llamativa alteración en las crisis traumáticas es el curioso contraste entre episodios de infrarregulación y de sobre-rregulación emocional. Los dos extremos, ausencia de afecto y arre-batos emocionales, coexisten, en ocasiones casi al mismo tiempo.

Un arrebato emocional puede acompañar a una intrusión obsesiva y a guardar con ella una relación coherente; es decir, si al sujeto, al cerrar los ojos, le viene una imagen de una asesina con un cuchillo, se produce un respingo de miedo que decimos que es apropiado y cohe-rente al contenido del pensamiento. Otras veces, las descargas emo-cionales no están relacionadas con las intrusiones obsesivas y se pre-sentan de manera espontánea y sin venir a cuento. Así, una persona que ha sufrido una crisis traumática puede tener accesos de llanto, cri-sis de pánico o arrebatos de cólera, sin motivo ni causa aparente. Tam-bién suelen estar activados los componentes psicosomáticos de la emo-ción, con aparición frecuente de taquicardias, ahogos, temblores, mareos, sensación de nudo en la garganta o en la boca del estómago, tensión muscular, fatiga, diarrea, etc.

En algunos casos, el estado de infrarregulación emocional es constante, con tendencia a sobresaltos al menor ruido, sensación de miedo o susto persistente y sin razón, dolores de cabeza, hiperten-sión arterial, inquietud, dificultad en conciliar el sueño y despertares frecuentes durante la noche. Como es lógico, tanta agitación acaba produciendo cansancio y fatiga, que se convierten en una verdadera tortura, al combinarse con la imposibilidad de relajarse y descansar.

En ocasiones, se produce un desplazamiento de los arrebatos agre-sivos hacia personas inocentes del entorno, fenómeno conocido con el nombre de **generalización emocional**: la persona está irritable por una serie de acontecimientos traumáticos que no consigue superar ni eliminar de su vida y acaba descargando su ira con una persona que no tiene nada que ver, sin ninguna razón o como reacción a provoca-ciones nimias. Yo lo llamo también "el síndrome de la patada al gato":

Feliciano está rodeado en su trabajo de personas insensibles, que lo critican y censuran continuamente. El jefe suele ridiculizarlo con cierta frecuencia y lo pone de ejemplo ante los demás compañeros de "cómo no se deben hacer las cosas". Su novia está seca y distante con él desde hace tiempo y hoy al mediodía le ha dicho por teléfono que no quiere verlo nunca más. Feliciano vive solo y cuando llega a casa, su gato, su única compañía, se acerca ronroneando y se le restriega contra su pierna. En pleno estado de cortocircuito mental, Feliciano le pega una patada al gato.

A veces no es el gato quien recibe la patada, sino un esposo/esposa más o menos amante, un hijo o hija o un amigo bien intencionado.

La generalización también ocurre con otras emociones. La persona afectada puede empezar a tener miedo cada vez a más cosas, incluyendo lugares, personas y actividades cuya relación con los sucesos traumáticos es lejana o irrelevante. Lógicamente, empieza a evitar esos aspectos de su vida, reduciendo progresivamente el rango de situaciones que ocasionan descargas emocionales.

Almudena había sido perseguida por un demente que la amenazaba con un cuchillo. Se escondió en un cuarto de baño, se metió en la ducha y corrió la cortina. Mientras estaba allí, oyó al agresor entrar y dar vueltas por el cuarto, afortunadamente sin descubrirla. Muchos días después del incidente, Almudena no podía entrar en un cuarto de baño, ni siquiera para lavarse los dientes. De manera progresiva, fue ganándole terreno al terror: primero atravesando el dintel de la puerta y saliendo enseguida; después, resistiendo unos minutos, mientras se lavaba las manos, después, metiéndose en la bañera vacía, de pie y vestida. Finalmente, fue capaz de ducharse, "aunque sin correr del todo la cortina".

La manifestación contraria a la generalización es el embotamiento o falta de afectividad que, aparte de lo desagradable que es, también tiene problemas asociados. La sensación de no sentir nada puede ser fácilmente interpretada, por la persona afectada y por los demás, como haber dejado de querer a sus allegados, no tener interés por nada, haber perdido el gusto por la vida. De ahí a la soledad y el aislamiento no hay más que un paso, con la consiguiente pérdida del apoyo social, justamente en los momentos en que más necesario resulta.

4.3.3. Alteración de la identidad y del comportamiento

Los sentimientos de desvitalización pueden llegar a ser tan desagradables que algunas personas toman medidas heroicas para provocarse emociones intensas y sentirse vivos, corriendo riesgos, metiéndose en reyertas, cometiendo imprudencias e infracciones graves de tráfico, etc. Este fenómeno se llama *traumatofilia* y es una de las consecuencias más sorprendentes de las crisis traumáticas mal resueltas. Recuerda un poco a lo que Freud denominaba la "compulsión de repetición", necesidad inconsciente de volver a hacer algo, o de volver a ponerse en la misma situación, en la que un suceso traumático tuvo lugar. Aunque las conductas pueden ser parecidas, los dos mecanismos son diferentes.

Mecanismos de la traumatofilia:

- Predominio de la desactivación e inhibición emocional. Sujeto apático, desvitalizado y sin sentimientos. El acto heroico (automutilación, reyertas o conducción peligrosa) es un intento desesperado de lograr estimulación emocional.

- Compulsión de repetición. La persona que ha fracasado en tareas importantes de su vida o que no ha podido superar una crisis en un momento determinado, vuelve a intentar resolverla, aunque para ello tenga que provocarla de nuevo.

Pueden producirse otras alteraciones de la conducta menos llamativas, pero igualmente destructivas. El uso de alcohol o drogas para acallar la disregulación emocional es una tentación relativamente frecuente. La falta de concentración, la apatía, la irritabilidad y la inquietud pueden dificultar de manera importante la vida laboral y conyugal, por lo que no son raros los fracasos en estas áreas, con altas tasas de paro, empleo basura, separaciones y divorcios en personas traumatizadas.

Los cambios de personalidad y del sentido de identidad se deben al hecho de que, después de un trauma, ya no somos los mismos. Como mínimo, la autodefinición de nuestra identidad personal se modifica para incluir nuestra opinión final sobre cómo hemos actuado durante la crisis traumática. No es lo mismo haber luchado con coraje ante un peligro que haber salido huyendo o, lo que sería aún peor, abandonando en la huida a compañeros indefensos. Aunque la decisión haya sido tomada en milésimas de segundo, sin conciencia clara de lo que uno estaba haciendo, sus consecuencias pueden transformar toda una vida. En el primer caso, la autoestima saldrá beneficiada y la persona se sentirá más segura y competente; en el segundo, la identidad puede mancharse con la etiqueta de cobarde y en el tercero, además, con las de traidor y culpable. Los supervivientes de crisis traumáticas que han tomado parte activa en su resolución y que salen de ella con la impresión de haber hecho algo útil se encuentran mucho mejor que los que han esperado pasivamente por su conclusión o se han sentido indefensos e impotentes.

La visión del mundo y de sí mismo suele cambiar después de una crisis traumática. Es frecuente que el primero se considere un lugar peligroso e inestable y el segundo indefenso y vulnerable. Esta combinación puede generar, como consecuencia, un miedo excesivo a las posibilidades de futura victimización. La conciencia de vulnerabilidad, por sí sola, produce sentimientos de inferioridad y, a veces, de vergüenza. En ocasiones aparecen, como intento de compensación, reacciones de rabia y deseos de venganza, dirigidos contra los supuestos culpables de la crisis, o incluso contra los mismos rescatadores, que no actuaron lo bastante bien, ni con la suficiente rapidez, ni con el debido tacto y empatía, etc. El mundo puede convertirse no ya en un lugar inseguro y peligroso, sino también malvado, desguarnecido e insolidario. La hostilidad generada en acontecimientos traumáticos puede ser un problema grave cuando se dirige de manera indiscriminada contra todo el entorno, incluyendo a los profesionales que intentan ayudar con su mejor buena voluntad.

> *M. Z. sufrió un accidente de tráfico sin culpa por su parte. Otro vehículo se saltó el semáforo en un cruce y lo cogió de costado. Aparte de la conmoción, contusiones y heridas menores, M. Z. sufrió un ataque de angustia, por todo lo cual acabó en el servicio de urgencias de un hospital. Poco a poco, según iba superando el susto del choque, empezó a maldecirse a sí mismo por no haber frenado a tiempo. "Me di cuenta de que se iba a saltar el semáforo, pero no me lo podía creer", decía. Pronto empezó a insultar al otro conductor y a su familia y, enseguida, a los médicos y enfermeras que lo estaban atendiendo. La cosa llegó a tanto que llegamos a pensar que podía tener una lesión cerebral, pero todos los estudios salieron normales, así que le dimos el alta. Dos semanas más tarde me lo volví a encontrar en un pasillo del hospital. Estaba gritando a las secretarias, a las que había ido a pedir un informe sobre su estancia en urgencias, supongo que por asuntos legales. Luego se fue vociferando por los pasillos "Qué vergüenza, media hora para dar un informe...".*

Las reacciones persistentes de culpa inmotivada tienen lugar cuando el individuo se considera responsable de aspectos de una crisis que, en realidad, escapan a su responsabilidad. En algunos casos hay, en el fondo, un deseo de omnipotencia, de haber sido capaz de hacer frente o de parar la situación. La llamada **culpa del superviviente** tiene lugar cuando otras personas han fallecido o han quedado gravemente lesionadas y el sujeto piensa que él ha salido relativamente indemne a expensas de ellas. *"Tenía que haber sido yo, y no ellos"*, es el comentario típico en estos casos. En ocasiones, se complica con la "culpa por abandono", en la que, además, se añaden a la culpa elementos de traición, por haber abandonado a los compañeros o no haberles sido de más asistencia. En cualquiera de los casos, las secuelas relacionadas con la culpa pueden ser peores que el suceso traumático en sí, con elevado riesgo de conductas autodestructivas.

En resumen, una crisis traumática altera el funcionamiento mental de tres maneras distintas: produce sentimientos insoportables, sobrecarga los mecanismos de procesamiento e integración de información y desencaja la idea que uno tiene sobre sí mismo y sobre el mundo. El trabajo de superación de la crisis consiste en ampliar la capacidad de tolerar la angustia y la disforia[22], agilizar el procesamiento de información, neutralizar los efectos tóxicos de la experiencia y modificar de manera positiva la visión de sí mismo y del mundo.

---

[22] En griego, "eu" significa bien y "dis" mal. Así, eu-foria = llevarse bien, sentirse bien, y dis-foria = llevarse mal, sentirse mal.

ESCALA DE IMPACTO DEL SUCESO

Ésta es una lista de comentarios que suelen hacer las personas que han pasado por sucesos estresantes. Lea cada uno de ellos y decida con qué frecuencia le ha pasado lo mismo **durante los últimos siete días.**

Escriba el suceso al que se refiere ....

Haga un círculo en el número que mejor describa la frecuencia de su experiencia. Si no le ha pasado en los últimos 7 días, marque NO (0). Por favor, marque siempre una de las opciones para cada ítem.

(0) No le ha pasado   (1) Muy poco   (2) De vez en cuando
(3) Algunas veces   (4) Muchas veces   (5) Con muchísima frecuencia

1. He pensado sobre ello sin querer, sin intención de hacerlo 0 1 2 3 4 5

2. He evitado dejarme llevar por la emoción cuando pensaba sobre el tema o me lo recordaban 0 1 2 3 4 5

3. He intentado eliminarlo de mi memoria 0 1 2 3 4 5

4. Me ha costado dormir porque me venían a la mente imágenes o pensamientos sobre el tema 0 1 2 3 4 5

5. He tenido oleadas de fuertes emociones sobre el tema 0 1 2 3 4 5

6. He tenido sueños sobre el tema 0 1 2 3 4 5

7. Me he apartado de todo lo que me lo pudiera recordar. 0 1 2 3 4 5

8. He sentido como si no hubiera ocurrido o no hubiera sido real 0 1 2 3 4 5

9. He procurado no hablar sobre ello 0 1 2 3 4 5

10. Me han venido de golpe imágenes de ello a la mente 0 1 2 3 4 5

11. Otras cosas me hacen pensar sobre ello 0 1 2 3 4 5

12. Me he dado cuenta de que todavía tenía muchas emociones sobre el tema, pero no he querido ocuparme de ellas. 0 1 2 3 4 5

13. He intentado no pensar sobre ello 0 1 2 3 4 5

14. Cualquier cosa que me lo recuerde me emociona . . 0 1 2 3 4 5

15. Me siento como anestesiado, frío y como sin emociones acerca del tema. 0 1 2 3 4 5

Reproducida con permiso de M. J. Horowitz, N. Wilner y W. Álvarez, "The impact of event scale. A measure of subjective stress", *Psychosomatic Medicine*, 41:209-218. La traducción de la escala es mía.

Cómo se corrige la escala de impacto del suceso:

- Sume los puntos asignados a los comentarios 1, 4, 5, 6, 10, 11 y 14. El resultado final es el índice de síntomas de intrusión producidos por la experiencia estresante.

- Sume ahora los puntos asignados a los ítems 2, 3, 7, 8, 9, 12, 13 y 15. El resultado final es el índice de síntomas de evitación.

- Sume ahora las dos subescalas, que es lo mismo que sumar los puntos de todas las respuestas. Ese es el índice total de impacto del suceso.

Si en total tiene entre:

- 0-8 puntos: está muy bien, casi no le ha afectado.
- 9-25 puntos: le ha afectado, puede que lo supere, pero cuídese.
- 26-43 puntos: definitivamente le ha afectado. Tiene un síndrome de estrés y necesita tratamiento especializado.
- Más de 43 puntos: su estado es clínicamente grave. Requiere atención clínica inmediata.

Después de la puntuación total, mire las subescalas. La subescala de evitación tiene que ser menor que la de impacto del suceso. Esté en el tramo en que esté, aunque sea en el primero de entre 0-8 puntos, si la subescala de evitación es mayor que la de intrusión, acuda también al médico. Es muy probable que el suceso le haya afectado más de lo que parece.

Capítulo cinco

El síndrome de la rana cocida

Hace algún tiempo leí un macabro experimento cuyos resultados, que no pienso comprobar, me parecen perfectamente plausibles y, ciertamente, de gran valor educativo. Voy a describirlo tal como lo recuerdo, con el ruego de que si algún lector de ánimo más duro que el mío decide repetirlo, me informe de la exactitud de lo que ahora digo. Los elementos necesarios para llevar a cabo el experimento son tres: una rana viva, un recipiente con agua y una fuente de calor de intensidad fácilmente regulable. En una primera prueba, calentamos el agua y, cuando está casi a punto de hervir, dejamos caer en ella a la rana. Como es lógico, tratándose de un animal de vigorosos músculos y gusto por la supervivencia, observaremos que, nada más tocar la superficie ardiente, la rana se contrae vigorosamente y salta fuera del recipiente. Repetimos la prueba una segunda vez, con otra rana, variando ligeramente las condiciones: primero, sumergimos a la rana en el agua fría y esperamos unos minutos para que se confíe. Después, mientras está chapoteando en el recipiente, vamos aumentando muy despacio la temperatura. Veremos cómo, haciendo uso de todas sus capacidades de adaptación térmica, la rana sigue nadando, cada vez más despacio, hasta terminar literalmente cocida viva.

Sobrecogedor, ¿verdad?

"La mayoría de los hombres llevan vidas de tranquila desesperación", dejó escrito el filósofo Henry David Thoreau, que pasó parte de la suya retirado en la más absoluta soledad. No fue mucho tiempo en realidad, sólo dos años, ni tampoco se fue muy lejos. Su amigo Waldo Emerson le prestó una cabaña en las boscosas orillas del lago Walden en Nueva Inglaterra, donde se dedicó a escribir sobre Naturaleza y sobre Política Social, logrando cierto impacto en ambas áreas. Sus ideas me interesaron hace ya tiempo y van a ser importantes para la discusión en la que estamos ahora a punto de embarcarnos. Leí sus dos mejores libros, *Walden* y *Sobre la obligación de la desobe-diencia civil* durante un verano en Sherbrooke, en medio de un paisaje que imagino muy parecido a aquel en el que fueron escritos. Me impresionó la resistencia de Thoreau, por otra parte un ferviente demócrata y patriota, a aceptar sin más los dictados de la mayoría. Como otros intelectuales *trascendentalistas* de su época (no confundir con *fundamentalistas* –viene a ser casi lo contrario) Thoreau daba más importancia a la intuición que al razonamiento lógico, a la conciencia personal que a la autoridad establecida y a la Unidad Final de los Seres Vivos que a las enseñanzas eclesiásticas. Dice mucho a favor de la democracia norteamericana del siglo XIX que no sufriera más persecución que una noche en la cárcel por negarse a pagar un impuesto –en aquella época, decían para qué se recababa cada impuesto y con el fin de éste Thoreau no estaba de acuerdo– y más aún que sus libros hayan sido inmensamente vendidos y leídos, por lo menos en el mundo anglosajón, aunque sin ejercer grandes efectos visibles. Partiendo de su observación de lo bien que funciona la Naturaleza, no le cabía duda a Thoreau de que lo que los humanos necesitan es más libertad y menos control. "Un gobierno es tanto mejor cuanto menos gobierna", decía, lo cual, me parece a mí, podrá ser cierto en un sitio en el que todo el mundo tenga una conciencia personal tan honesta y tan claramente organizada como la de Thoreau y sus amigos. Siguiendo sus razonamientos, entendemos cómo la desesperación en la vida viene de la limitación, del control y de la opresión impuestos por las estructuras de poder, que son, además del Estado, las Creencias, las Tradiciones y las Costumbres. Y la tranquilidad con que se vive esa desesperación viene de la vaguedad imperceptible de sus causas, que han estado siempre ahí, que son inevitables, a las que uno tiene necesariamente que acostumbrarse y adaptarse. ¿O no?

He aquí la moraleja que une la rana hervida del primer relato con el hombre tranquilamente desesperado del segundo: la gente sensata, siempre que puede, deja las cosas como están. Sólo nos mueven los grandes cambios, los fuertes impulsos, las grandes tragedias. No apreciamos los cambios mínimos, nos aguantamos con las pequeñas exigencias y, poco a poco, vamos perdiendo el terreno necesario para la supervivencia. Hasta la rana más tonta sabe que hay que huir del agua hirviendo, pero ninguna se da cuenta de los peligros que entraña un baño calentito.

Tercera ley de gestión de la crisis: más vale ruptura a tiempo que adaptación perjudicial. (Hay veces en que la crisis la tenemos que crear nosotros.)

Pero, ¿cómo podemos saber cuándo hay que seguir y cuándo hay que romper? Las espantadas y los abandonos inesperados, ¿no son signo de inmadurez? ¿Puede nuestra constancia y responsabilidad ser, a la postre, causa de nuestra ruina? ¿Cuándo es una huida a tiempo una victoria? ¿Cómo saber cuándo perseverar y cuando renunciar?

Preguntas difíciles, en verdad. Todos queremos acertar en hacer o no hacer lo que más nos convenga, pero ¿cómo saberlo? La persona práctica sólo hace aquello que va con seguridad a reportarle beneficios, pero el futuro es incierto. Las grandes señales las ve todo el mundo, pero ¿quién entiende los pequeños indicadores sutiles, que a la mayoría de nosotros no nos dicen nada? Voy a responder por partes. Primero, veamos cuál es el problema; después buscaremos un procedimiento para resolverlo.

5.1. La sabiduría de la ruptura

El problema trata, básicamente, de saber cómo actuar en la vida. Por el momento no en general, sino en una situación muy concreta: aquella en la que se nos plantea la duda sobre si seguir igual que antes o imponer un cambio drástico. Saber que estamos ahí ya es un gran avance, que indica, por lo menos, dos cosas: una, que nos hemos parado a cuestionar el sentido de nuestra vida, es decir, a preguntarnos hacia dónde vamos. Eso está muy bien, a condición de no estar haciéndolo todo el rato. Otra, aún más importante, que hemos tomado posesión del momento para plantearnos una decisión. Hemos acotado en nuestra existencia uno de esos instantes sagrados en los que somos libres. Esa es la magia de la decisión: es un oasis instantáneo y perecedero de libertad. Si no nos paramos a decidir, no somos libres, estamos forzados por nuestro pasado. En cuanto decidimos, ya no somos libres, estamos forzados por nuestra decisión. Sólo en el instante de tomar una decisión es el ser humano realmente creador. Es un momento tan frágil y tan breve que no pienso amargármelo con angustias existencialistas sobre la determinación, el azar y la necesidad. Por lo menos, no ahora. Bástenos con saber que hay una experiencia psicológica que podemos provocar en nosotros mismos a voluntad, que se llama decisión. Como estamos hablando de una decisión entre dos rumbos muy dispares –continuar en una situación que no nos gusta o saltar en el vacío hacia una nueva oportunidad desconocida– diremos que es una **decisión crítica**.

En definitiva, nuestro problema consiste en decidir entre adaptarse y romper, entre quedarse e irse, entre adocenarse y renovarse. Ahora que lo hemos formulado, vamos a ver cómo resolverlo.

En busca de un criterio

Siempre que se plantea una duda o una comparación entre opciones dispares, necesitamos un criterio que nos sirva como patrón de medida o árbitro en la discusión. Cada método tiene su criterio, a partir del cual establece sus procedimientos y determina si sus conclusiones son correctas. El criterio de la ciencia es la verdad, el del arte es la belleza, el de las matemáticas la coherencia y el de la filosofía el sentido. Un criterio sirve también para fijar los objetivos de una actividad y para juzgar cuáles, de todas las consecuencias posibles, son adecuadas a la intención de la acción. En la vida práctica podemos usar criterios científicos o filosóficos, aunque lo normal es que nos sirvamos de otros más terrenales. La mayoría de la gente adopta, sin pensarlo mucho, el criterio de utilidad, también llamado criterio del éxito: hay que hacer lo que nos dé el mejor beneficio, lo que más nos convenga. Parece razonable pero, como suele ser difícil saber lo que va a pasar, con mucha frecuencia este criterio no resulta eficaz. Por eso hay tanta gente indecisa por el mundo.

Podemos hacer el criterio de utilidad más manejable si lo desvirtuamos y lo rebajamos un poco: si no sabemos cómo tener éxito, minimicemos por lo menos los riesgos, las pérdidas y los esfuerzos. Por ejemplo, hagamos lo que sea más fácil, lo que menos nos cueste. Es el criterio del mínimo esfuerzo. La experiencia demuestra que este enfoque acaba dando la razón a Thoreau, porque quien lo aplica de manera constante suele acabar en la más sosegada de las desesperaciones. Busquemos otros criterios. Se me ocurre, por ejemplo, uno muy popular y sencillo: la deseabilidad social. Hagamos lo que a la gente le parezca que hay que hacer. Ajustemos nuestra vida a la imagen que hay que dar. Como me dijo uno de mis jefes en Canadá cuando llegué a su servicio: "*What you are supposed to do...* (lo que se supone que tienes que hacer...)". Las actuaciones ya están protocolizadas y han de ser hechas, no importa por quién, todos somos operarios intercambiables. Este criterio es de gran valor social, sobre todo si, como ya ocurre, tenemos amplia información sobre las tendencias más aceptadas y los estándares de los grupos que más nos gustan. Es el criterio princeps cuando uno está en un Programa de Formación como Especialista o en el Ejército, o cuando ingresa en una secta. Pero, para su aplicación a la vida en general, le encuentro varios fallos graves: en primer lugar, la opinión ajena no suele tener mucha consideración por la felicidad de las personas concretas. No tengo muy claro si debo fiarme de un criterio que me tiene poco en cuenta. Además, al estar pendiente de lo que piensan los demás, puede que me quede poco tiempo y energía para saber lo que pienso yo. Esforzarse en mantener las apariencias no nos va a ayudar a entender el significado de nuestros actos, ni a descubrir qué es lo que nuestra naturaleza nos pide. Actuar en función de la imagen nos aleja de la experiencia de la vida y de nosotros mismos. Una manera muy buena de quedarse sin poder personal es tratar de encajar en las expectativas de los demás. Definitivamente, descartaremos el encaje en las expectativas ajenas como criterio.

Voy a proponer un criterio, muy fácil y próximo, que acabo de mencionar de pasada hace un momento: hagamos "lo que nuestra naturaleza nos pide". Es razonable pensar que, con lo sabiamente construidos que estamos, probablemente llevamos en nosotros mismos algún tipo de manual de instrucciones. Vamos a mirar el asunto con calma, porque tenemos que dirimir dos cuestiones: qué es la naturaleza humana y, tomándonoslo a nivel personal, cómo puedo saber lo que "mi naturaleza" me pide.

La naturaleza humana

No vamos a meternos en profundas disquisiciones, porque lo que nos interesa en realidad es averiguar pronto qué es lo que nuestra naturaleza nos pide y no necesitamos grandes detalles sobre otras cosas. Así que seamos redundantes y digamos que la naturaleza humana es la manera de ser de los humanos, que son unos animales superiores con aspiraciones a más. Y, ¿qué es lo que quieren los humanos? En una primera aproximación descubrimos, sin muchos esfuerzos, la Gana, el criterio más vital y profundo que hay, primigenio y algo tenebroso, que en castiza grosería se llama "lo que me sale de los cojones" (con perdón). Hagamos lo que nos dé **la gana**. El problema es que casi nadie tiene ganas suficientes como para jugarse la vida (o la carrera, o la seguridad, o la familia) por algunas de las barbaridades que se nos ocurren. Pero no cabe duda de que, aunque algo desconsiderado, es un criterio, por lo menos, auténtico y sincero. Afortunadamente, no acaba ahí nuestra naturaleza. Quedan, por lo menos, dos vísceras más a las que podemos pedir consejo. Una es el corazón y la otra la cabeza. Probemos con el corazón: **seguir los sentimientos**. Hagamos lo que nos pida el corazón. Es bonito. Sentimental y noble. Puedo apoyar ese criterio, claro que según para qué y en qué condiciones. No conviene dejarse cegar por los sentimientos. Ni tampoco ser demasiado sentimental. Veamos nuestro tercer órgano: **pensemos las cosas con cabeza**. Creo que estamos ahora otra vez al principio, porque para pensar necesitamos un criterio. Digamos otra vez que nuestro criterio es "lo que nos pide nuestra naturaleza" y apliquemos nuestro cerebro a pensar sobre ello. Ahora sí. Nuestra naturaleza piensa, siente y palpita. Nuestra naturaleza es, de momento, una tríada. La cabeza, el corazón y el bajo vientre son metáforas de funciones cuya verdadera base anatómica está repartida por el cerebro. En el capítulo 7, que trata de las crisis estructurales, resumo los conocimientos actuales sobre las localizaciones cerebrales precisas del pensamiento, el sentimiento y el instinto. Baste aquí con anticipar que esta división tripartita de la naturaleza humana tiene sólidas bases científicas[23].

Cada cultura ha tomado posición con respecto a cuál de las tres partes es la más importante. Muchas insisten en que una debe dominar y las otras suprimirse e incluso castigarse. Yo voy a tomar una postura diferente, porque he estudiado el tema y he llegado a la conclusión de que las tres son igualmente necesarias y que no pueden actuar aisladas. Cuando una se sacrifica demasiado, acaba por rebelarse y entorpecer el funcionamiento de todo el conjunto. Como psiquiatra, he visto sufrir a mucha gente por sus desacuerdos, contradicciones y rigideces internas. Llevarse mal consigo mismo, además de un signo de enfermedad mental, es una tontería.

La tarea más específicamente humana es poner de acuerdo a las tres facciones, para lo que no nos queda más remedio que trabajar intensamente desde niños en conocer, conducir y equilibrar cada una de ellas. Aparece así el cuarto criterio. No nacemos con él, se desarrolla por una mezcla aleatoria de autodescubrimiento, educación y pura casualidad. Llamémoslo intuición. Podemos definir la intuición como la percepción integrada de nuestro momento en la vida y de nuestra posición en lo que existe. Cuando lo que pensamos, lo que sentimos y lo que vive nuestro

---

[23] La idea de que en el ser humano tiene tres cerebros, de reptil, de rata y de mono, es de McLean. La desarrolló en *Medicina Psicosomática* (ADES Ediciones, Madrid, 2003).

cuerpo coincide, entonces es cuando la intuición es creíble. Si la utilizamos bien, acabamos siendo nosotros mismos, un estado en el que nuestra naturaleza y nuestro yo coinciden. Esto es lo que se llama tener la conciencia unificada o estar de acuerdo consigo mismo, el máximo estado posible en la Evolución Humana. Si lo hacemos mal o tenemos mala suerte, la relativa distancia entre nuestra naturaleza y nuestro yo marca el grado en el que somos ajenos a nosotros mismos, animales desencajados, que han perdido su instinto y no han encontrado su intuición[24].

Ya sabemos lo que nuestra naturaleza nos pide. No es la gana instintiva, no es el sentimiento irracional, no es la lógica fría, es la integración personal de todas esas dinámicas, en juego dialéctico con las dinámicas del universo. El criterio humano para tomar una decisión crítica es el **encaje**, primero en nosotros mismos y, a continuación, de nosotros con el resto del mundo.

Ahora que tenemos formulado el problema y calibrado el instrumento para su resolución, podemos dar el tercer paso.

5.2. Continuidades poco recomendables

Hasta aquí, hemos considerado sólo las crisis que ocurren por causas ajenas a nuestra voluntad, que nos son impuestas. Se hacen nuestras porque no nos queda más remedio, pero no somos nosotros los que las hemos comenzado, por lo menos, no aposta. En este capítulo estamos considerando la posibilidad de que, de vez en cuando, puede ser una buena idea crear una crisis. No es bueno tomárselo como un hábito, pero hay circunstancias en las que puede ser una buena opción.

Volviendo al principio de este libro, recordaremos que habíamos empezado a aproximarnos al concepto de crisis diciendo que es "la interrupción de un proceso..." ¿Qué tiene que ocurrir para que tengamos que interrumpir un proceso que, de por sí, tiene todo el aspecto de seguir un curso estable? Pues, simplemente, que en la sana aplicación de nuestro criterio hayamos llegado a la conclusión de que estamos viviendo una situación cuya continuidad es poco recomendable.

En términos generales, encuentro dos situaciones en las que puede venir bien un cambio radical. En una, porque es perjudicial para la salud.

---

[24] He llamado a este trabajo, del que hablaré un poco más en el capítulo 7, *personificación*, de convertirse en persona. Junto a él hay que trabajar también la *socialización*, saber cómo encajar nuestra persona con los demás, y la *trascendencia*, encontrar nuestro puesto en el universo.

En la otra, porque nos está desviando del encuentro con nosotros mismos, lo que, ya lo he dicho antes, es la más importante de las tareas humanas. Estos son los dos supuestos de continuidades poco recomendables:

1. La sobrecarga psicosocial.
2. El camino equivocado.

La **sobrecarga psicosocial** es, en muchos aspectos, todo lo contrario del trauma. Se trata de un tipo de estrés crónico que no destaca ni se diferencia mucho de las condiciones de la vida habitual y cuyos efectos sólo son evidentes a largo plazo. Como es difícil de detectar y todavía más de medir, ha recibido poca atención científica, ciertamente mucho menos que los cambios vitales y los sucesos traumáticos.

> *Sobrecarga psicosocial: es una exigencia exagerada o desproporcionada, que actúa de manera continuada, que deriva de los procesos de integración del individuo en su entorno humano y que puede ser contrarrestada durante largo tiempo por los mecanismos de adaptación y defensa, sin que se observen grandes efectos patológicos a corto plazo.*

Veamos en detalle cada uno de los elementos de esta definición:

1. *Una exigencia exagerada o desproporcionada, comparativamente con las demandas apropiadas para asegurar el funcionamiento óptimo del individuo.* Ya vimos en el capítulo 4 ("El estudio científico del cambio"), que necesitamos cierta actividad e interacción, pero que no tiene que ser ni poco, ni mucho, ni fuera de contexto. Cuando una situación, un compromiso, una tarea, etc., cumple esta condición es, en consecuencia, adecuado para asegurar el funcionamiento óptimo del individuo. Podemos decir entonces que esa exigencia es "humana", significando con eso que está acorde con las necesidades de nuestra naturaleza. Los esfuerzos sobrehumanos desgastan, porque son más de lo que estamos construidos para realizar normalmente; lo inhumano es aquello para lo que no estamos preparados de ningún modo. Trabajar 14 horas al día sin vacaciones ni festivos es sobrehumano; hacerlo apilando cuerpos recién asesinados es inhumano. He conocido en Camboya gente que ha vivido así durante años, y me ha impresionado su sensación de normalidad. Lo más horrendo del horror es dejar de sentirlo, pero es verdad que a todo se acostumbra uno. También hay

esfuerzos sobrehumanos que son muy humanos: cuidar a un familiar enfermo de Alzheimer, por ejemplo, o educar a una familia numerosa; y otros que no lo son tanto: convivir con una pareja enemistada, conservar un empleo en una empresa tóxica, soportar a un abusón de barrio o de escuela... Nótese que no tienen que ser exigencias anormales ni extrañas: basta con que sean más de lo que nuestra constitución y nuestro desarrollo nos han preparado para soportar. Y aquí un consejo importante: si hay que hacer algo, es mejor hacerlo, hacerlo bien y hacerlo de corazón. Aceptación gozosa de la tarea, se llama eso o, en términos de manual de autoayuda, "vivir el momento presente". La mayor parte del desgaste no es por el sobresfuerzo, sino por el rechazo al sobresfuerzo. Se cansa uno más arrastrando los pies que dando el paso. Rumiar agravios y resistir sin que se note es agotador.

2. *Que actúa de manera continuada*: una acción instantánea que produjera una alteración en el organismo sería un trauma, no una sobrecarga. La adaptación alostática (cambiar algo en uno mismo para encajar mejor con el entorno) es perjudicial cuando dura mucho tiempo, pero puede ser inofensiva si dura poco. Muchos estudios han relacionado el estrés psicosocial con una mayor tendencia a la aparición de enfermedades, depresiones y crisis nerviosas, demostrando el poder patógeno de pequeñas desviaciones en el equilibrio homeostático idóneo. El vínculo entre variaciones de funciones psicofisiológicas y el estado de salud se expresa de manera esquemática en la fórmula de la Ley General de la Homeostasis[25]:

$$E = \frac{(N + \Delta N)\,T}{Rg + Ra}$$

$E < 1$, salud; $E > 1$, enfermedad

---

[25] En 1977 formulé en la Real Academia de Medicina de España mi **Ley general de la homeostasis**, que dice: *la probabilidad de que una variación en el valor idóneo de una constante fisiológica redunde en disfunción, enfermedad o lesión, es directamente proporcional a la magnitud de la variación y al tiempo durante el cual se mantiene; e inversamente proporcional a la tolerancia del organismo a variaciones de esa constante, durante el período de tiempo considerado.* Me dieron una medalla, un bonito diploma y publicaron mi trabajo: L de Rivera, "Metabolismo y funciones generales de las catecolaminas", *Anales de la Real Academia Nacional de Medicina*, 1978, 95:677-681.

Donde E representa el estado de lesión o enfermedad; N el valor idóneo de una función fisiológica determinada; ΔN (incremento de N) la desviación experimentada por el valor idóneo de esta variable debido a las exigencias del medio o a alteraciones de la propia dinámica interna; T el tiempo durante el que se mantiene dicha variación; Rg la resistencia o tolerancia genética innata del organismo a variaciones de la función considerada, y Ra la resistencia o tolerancia adquirida por el organismo a lo largo de su desarrollo. La tolerancia genética (Rg) a variaciones del medio interno es constante en el individuo y relativamente uniforme entre individuos de similares características; la tolerancia adquirida (Ra) varía enormemente entre individuos, e incluso en el mismo individuo de un momento a otro.

Leyendo esta fórmula, podemos decir que pequeñas desviaciones de una función que no alteran grandemente el equilibrio general, pueden acabar produciendo efectos importantes si se mantienen durante mucho tiempo (ΔN muy pequeño; T muy grande). Inversamente, variaciones de considerable magnitud o intensidad pueden provocar lesión, disfunción o enfermedad aunque actúen durante muy poco tiempo (ΔN muy grande; T mínimo).

3. *Derivada de los procesos de integración del individuo en su entorno humano.* Es decir, excluye las sobrecargas por agentes naturales no humanos, como animales salvajes, fuerzas de la naturaleza y estímulos físicos en general. También excluye el ruido, la polución y las construcciones incómodas y feas, aunque todos esos elementos forman parte directa del efecto humano. Esas son fuentes de estrés ambiental que también tienen su importancia y que juegan su papel en las exigencias cotidianas de adaptación, pero que no vamos a considerarlas en este contexto, a pesar de que pueden ser una de sus consecuencias. Lo que normalmente requiere de nosotros el entorno humano es que seamos capaces de:

- Comunicación.
- Interacción operativa (o sea, de hacer algo con alguien).
- Aprendizaje y cumplimiento de normas.
- Encontrar y mantener nuestro lugar en la organización.

Planteadas de esta manera, las exigencias del entorno humano parecen bastante razonables y relativamente fáciles de cumplir. Algunas variantes no tan llevaderas son las introducidas por relaciones interpersonales conflictivas, la frustración de metas personales, las interferencias en la formación y el mantenimiento de la identidad personal, las contradicciones persistentes entre el autoconcepto y el trato recibido de los demás y, en general, todas aquellas discrepancias severas entre la propia experiencia de sí mismo y las vivencias alternativas impuestas por el entorno. Un aspecto muy importante de la socialización es su valor interactivo, es decir, que todo lo que hacemos influye en el comportamiento de los demás y viceversa, lo que ellos hacen influye en el nuestro. En determinadas circunstancias, este proceso puede convertirse en una enorme campana de amplificación, donde pequeñas ofensas o descuidos reverberan hasta convertirse en monstruosidades insoportables.

Un ejemplo sencillo:

Juan y María son una pareja que se lleva razonablemente bien. Un día Juan llega muy contento y dice "Hola". María no contesta. Está seria, viendo la televisión. Juan se mosquea un poco, e insiste: "He dicho hola" y para reforzar su interés por la atención de María, le da un suave pellizquito en la oreja. María hace un gesto de rechazo. "Aiggg. No me toques". Juan ya está serio. "Se puede saber qué te passsaaa?".... A partir de aquí pueden ocurrir varias cosas, pero está claro que el mecanismo de amplificación se está poniendo en marcha. Si María sigue antipática, Juan va a acabar realmente borde o se va a deprimir, o las dos cosas. Su idea de sí mismo de que es un hombre amante y amado empieza a resquebrajarse, porque entra en contradicción con el rechazo de María. En cuanto a María, digamos que está resentida porque Juan se marchó sin despertarla y ella tenía algo importante que hacer temprano. Podían haberlo hecho de otra manera:

"Hola."

"Hmmm."

"¿Te pasa algo?"

"Estoy enfadada porque te has ido sin despertarme esta mañana y tenía una entrevista importante que hacer temprano."[26]

---

[26] María está aplicando la fórmula de comunicación en cuatro fases para prevenir la polución psíquica en su pareja. Puedes consultarla en *El maltrato psicológico*, págs. 165 y siguientes.

"Vaya, no lo sabía. ¿O sí? En todo caso, lo siento. Yo vengo muy contento porque me ha salido muy bien mi entrevista y me chafa un poco que tu hayas perdido la tuya."

"Está bien, vamos a celebrar tu éxito, pero me tienes que regalar un despertador."

Claramente, la cosa se está enfocando de otra manera. Puede que no se llegue a ninguna crisis, de momento.

La permanencia en una situación de sobrecarga puede ser:

- Forzada, como en el caso de prisioneros, niños en familias patológicas y trabajadores sometidos a acoso laboral.

- Autoimpuesta, para satisfacer necesidades de pertenencia u otro tipo de compromisos, como en el caso de miembros de sectas, amantes patológicos o trepas ambiciosos que sacrifican su honestidad por sus conveniencias sociales.

- Abnegada. La situación no depende de la voluntad de ninguno de los implicados y la unión y el apoyo mutuo es más importante para los participantes que el bienestar de cada uno de ellos por separado. Cuidar a un miembro enfermo de la familia.

4. *Puede ser contrarrestada durante largo tiempo por los mecanismos de adaptación y defensa.* Nuestra naturaleza es bastante plástica y moldeable, dentro de ciertos límites. Cuando estos son amplios, decimos que la persona es flexible, y rígida en caso contrario. Adaptarse es modificar algo de nuestra forma de ser para que encaje mejor con las circunstancias. Por ejemplo, levantarse todos los días a las seis de la mañana para conservar un empleo. Para una persona madrugadora por naturaleza no es un gran esfuerzo, pero para una trasnochadora, sí[27]. La adaptación puede ser autoplástica, cuando lo que cambia es uno mismo, y aloplástica, cuando uno hace cambiar su entorno para que sea más fácil realizar en él las funciones que se deben

---

[27] Según las preferencias de sus ritmos circadianos, los seres humanos pueden clasificarse en "buhos", que tienen su ciclo de mayor actividad desde el atardecer hasta medianoche, y "alondras", cuyo ciclo de actividad máxima va del amanecer a mediodía. La mayoría de la gente sólo tiene una preferencia hacia uno de los dos polos, pero puede acostumbrarse fácilmente al otro. Pero un 10% de la población es, de manera tajante e inevitable, búho o alondra.

cumplir. En el ejemplo anterior, desarrollar el reflejo de despertarse de madrugada y adquirir el hábito de dormirse a las diez de la noche es autoplástico. Cambiarse a un domicilio más cerca del trabajo para tardar menos en llegar en aloplástico. Levantarse a las doce y quedarse en casa es una ruptura.

Las defensas son mecanismos especiales de adaptación, cuya función no tiene nada que ver con facilitar la tarea que hay que cumplir, sino con desviar la atención hacia experiencias más agradables. Son actividades mentales, la mayor parte de las veces automáticas e inconscientes, que protegen al individuo de la ansiedad y otras emociones desagradables, impidiendo, compensando o contrarrestando la percepción del sufrimiento. Pueden ser útiles, por cuanto una angustia excesiva impide el funcionamiento e induce un estado de inadecuación y parálisis generalizada. Pero son contraproducentes cuando bloquean de tal manera la evaluación de la realidad que no permiten realizar los cambios necesarios para mejorarla[28]. A veces son maladaptativas, porque su actuación produce efectos que empeoran o complican la situación. El mecanismo de defensa más frecuente, con diferencia, es la represión, que consiste en no darse cuenta de alguna idea o representación interna que nos produce malestar. La negación es lo mismo, pero de lo que no nos damos cuenta es de algo externo que ocurre en el mundo real. La supresión es parecida a la represión, pero es consciente y voluntaria. El paso al acto o actuación es el uso de conductas mecánicas para aliviar tensiones y no tener que pensar en ellas.

Enrique lleva años en una empresa que acaba de ser adquirida por otra. Desde hace poco tiene otro jefe (al anterior lo han despedido). Esta mañana, al entregar un informe, observa que su nuevo jefe lo ojea, hace un gesto de fastidio y lo arroja sobre una pila de papeles. Enrique vuelve a su mesa preocupado, pero, como tiene muchas otras cosas que hacer, se esfuerza en no pensar en ello y se pone a redactar otro informe (supresión). A media mañana lo llaman de su banco

---

[28] De momento, hay catalogadas 101 estrategias mentales estereotipadas y automáticas para protegernos de los afectos negativos. La mayoría de las defensas son procedimientos de autoengaño, pero hay veces que es mejor no saber. Jerome S. Blackman, *101 Defenses: How the mind shields itself* (Brunner-Routledge, Nueva York, 2004).

para confirmarle la concesión de la hipoteca con la que piensa comprar una casa el doble de grande y de cara que la anterior. Sabe que están despidiendo gente y que hay otro departamento exactamente con las mismas funciones que las suyas en la empresa que los ha absorbido, pero queda sin dudar en ir a firmar la hipoteca (negación). Cuando llega a casa por la noche se encuentra nervioso y sin ganas de cenar, pero no sabe lo que le pasa (represión). Su mujer le pregunta por el trabajo e intenta hablar con él, pero Enrique se pone el chándal y sale a correr (actuación).

Algunas veces las defensas son muy útiles. La supresión ha permitido a Enrique centrarse en actividad productiva, en lugar de torturarse con los posibles significados de la actitud de su jefe. Otras veces, pueden producir nuevos inconvenientes. La negación del riesgo laboral impide la prudencia necesaria en la asunción de nuevos riesgos económicos. Casi siempre oscurecen la conciencia de lo que está pasando y, por lo tanto, disminuyen la oportunidad de planear estrategias alternativas. La represión y el paso al acto han privado a Enrique de encontrar apoyo en su esposa y de dedicar un rato a examinar serenamente la situación. Nunca hay que perder los nervios pero, ya que la verdad nos hace libres, es mejor darse cuenta de lo que está pasando, aunque nos fastidie. Cuanto mayor sea la tendencia a dejarse llevar por la angustia (o la depresión, o la rabia) mayor es la fuerza de los mecanismos de defensa y más difícil va a ser enterarse de los verdaderos sentimientos e ideas con respecto a la situación en que nos encontramos. En los casos más graves, como cuando predomina la negación o la actuación, ni siquiera somos conscientes de que la situación en que nos encontramos merece nuestra atención.

El aislamiento afectivo es otra defensa curiosa, en la que podemos percibir claramente la situación y las ideas que tenemos sobre ella, pero no somos conscientes del sentimiento que nos producen.

Un amigo de Federico, que está exactamente en la misma situación que él, dice, muy convencido: "Yo ya sé que nos van a echar a todos, pero qué importa. Sobran trabajos y si no, al paro y luego al hospicio". Y se ríe.

A veces la sensación de tranquilidad o ligereza con que se pretende vivir las malas noticias es una pose voluntaria (una forma de supresión), pero en este caso se trataba de un aislamiento afectivo, exactamente lo contrario de la represión: la idea está presente, pero no el sentimiento asociado con ella. Esta defensa puede ser útil en situaciones de gran peligro, en las que el sujeto puede evaluar exactamente lo que está ocurriendo, pero no siente ninguna angustia. Su inconveniente es que, como no se siente ninguna emoción, puede que no demos ninguna importancia al peligro y no hagamos nada para evitarlo.

Una cosa diferente es la capacidad de mantener la calma, estado en el que la emoción es percibida perfectamente, pero sin que sobrepase ni interfiera con las capacidades psicológicas. Es un don que pocos individuos poseen de manera natural, pero que todo el mundo puede desarrollar con la técnica apropiada[29].

5. *Sin que se observen grandes efectos patológicos a corto plazo.* Los efectos de la sobrecarga psicosocial pueden hacerse notar de manera larvada o brusca, pero siempre después de una larga exposición a factores externos de estrés relativamente estables, a los que el sujeto parece estar razonablemente bien adaptado. La evolución larvada se caracteriza por patología inespecífica, morbilidad psiquiátrica menor, sentimientos de desánimo y desesperanza, envejecimiento prematuro, disminución generalizada de la capacidad funcional, etc. La evolución brusca se manifiesta a veces directamente, a veces después de un tiempo variable de evolución larvada, con la aparición repentina de síntomas de sufrimiento, agotamiento o rebelión, fracaso psicosomático agudo y/o alteraciones de la conducta.

De la misma manera que el impulso para el estudio del trauma psíquico ha venido siempre de los conflictos bélicos, el "campo de batalla" favorito del estrés crónico ha sido el medio laboral. Los ejecutivos intermedios y otros trabajadores sometidos a tensiones persistentes tienen alto riesgo de padecer trastornos psicosomáticos relacionados con el estrés, algunos tan graves

---

[29] Como con el curso básico de psicoterapia autógena que se imparte en el instituto de Psicoterapia e Investigación Psicosomática de Madrid. Consultar detalles en www.psicoter.es

como la hipertensión arterial o la cardiopatía coronaria. El *burnout* o síndrome de desgaste profesional es un ejemplo claro de estrés crónico, lo mismo que el síndrome de acoso institucional o *mobbing*. Ambos tardan tiempo en manifestar sus efectos[30].

5.3. La vida equivocada

Nel mezo del chamino di nostra vita mi ritrovai per una selva scura ché la diritta via era smarita... (En medio del camino de la vida me encontré perdido en una selva oscura...)

Divina Comedia, Canto I.

Cuando Dante escribió sus famosísimos versos, no se lo estaba pasando nada bien. Su amada Beatriz había muerto y él estaba metido en unos líos políticos muy turbios, de los que salió bastante mal parado. Su problema no es único, porque la sensación de haber errado en el camino de la vida es bastante frecuente. El momento típico en que suelen surgir esos agobios es, justamente, a la mitad del recorrido, cuando uno está demasiado lejos como para poder retroceder fácilmente, pero no tanto como para no pensar seriamente en hacerlo. Como veremos en el capítulo siguiente, ésta puede ser una fase pasajera propia de la edad, que tiene lugar generalmente entre los 45 y los 55 años. Estos años son particularmente peligrosos, sobre todo en los hombres, porque es frecuente cuestionar en ellos todo lo que se ha hecho y dudar seriamente sobre si la vida que se ha construido merece la pena. De hecho, la tarea psicológica específica de esa parte de la edad madura es encontrarle sentido a la existencia, a la humana en general y a la personal en concreto.

Para que una vida pueda ser equivocada es preciso aceptar primero que puede haber una vida *vocada*, o vocacional, una vida que estamos llamados a llevar a cabo. *Equívoco* significa algo que se llama igual pero que no es lo mismo. Una vida equivocada es una vida que parece tan normal y tan apropiada que nos la tomamos por la vida

---

[30] Carlos de las Cuevas y Pastora Cuevas son, entre mis colaboradores, los que más han ayudado a estudiar el fenómeno del *burnout,* y Rodríguez-Abuín el del acoso psicológico en el trabajo. Mayores detalles sobre estos dos graves problemas de la sociedad actual pueden encontrarse en mi libro *El maltrato psicológico. Cómo defenderse del mobbing, bullying y otras formas de acoso* (Altaria, 2010).

auténtica, pero que no lo es. Otra cosa es una vida trastornada, desorganizada o fracasada, que es algo que suele llamar mucho la atención porque claramente no es lo que debe ser. El error de la vida equivocada no se nota mucho. No suele producir sufrimientos muy agudos, ni a uno mismo ni a los demás. Sin embargo, el equivocado va dejándose recomer poco a poco por un sentimiento de aburrimiento, vacío y hastío, con desinterés progresivo por todas las cosas que ha ido acumulando, sobre todo si lo ha hecho con gran dedicación y esfuerzo. Por cierto, que la mejor manera de equivocarse en la vida es fijar todos los objetivos en el plano material, consumista y adquisitivo. No es que no sea bueno tener bienes, es que la naturaleza humana no está pensada para acumularlos.

¿En qué consiste nuestra naturaleza? Somos agentes activos, creadores y divertidos. Desde el primer momento de nuestra existencia hacemos bien dos cosas: aprender y jugar. La sonrisa es el primer goce y también la primera comunicación. A partir de ahí, nuestro cerebro ya es imparable en la adquisición de rutinas, procedimientos, estrategias y, pronto, en la creación de mundos mentales. Como todos los animales, nacemos, crecemos, nos reproducimos y morimos, pero, a diferencia de los demás, somos conscientes del proceso. El desarrollo y el movimiento interno son dos experiencias que se graban de tal manera en nuestras mentes que llegamos a convencernos de que son continuas e imparables. Por eso tenemos siempre la sensación de que esto no es todo, sea esto lo que sea, sino que tiene que haber algo más. El ser humano es insaciable, no por avaricioso, sino porque se ha acostumbrado a anticipar un porvenir.

De ahí que sea tan común enfocar la vida como una carrera, como si hubiera una meta a la que se tiene que llegar. Claro que aún es peor verla como un concurso, una actividad competitiva en la que estar por encima de los demás es lo único que cuenta. El cuarto error (el primero era la acumulación de bienes) es verla como un acertijo que hay que descubrir o como una prueba que hay que superar.

Errores en el camino de la vida:
- Acumular bienes.
- Tomársela como una carrera.
- Tomársela como una competición.
- Tomársela como una prueba.

¿De qué va entonces la vida? El poeta Machado nos lo dejó dicho bien claro: "Caminante, no hay camino. / Se hace camino al andar".

La vida es lo que uno hace con ella y es acertado pensarla como una obra de arte, o como una tarea o como algo que construimos o, como dice Robert de Ropp, como un juego[31]. No se trata de buscar nada predeterminado, sino de permitir que nuestra naturaleza se desarrolle hasta el máximo de sus posibilidades. Ciertamente que hay que hacer algo, pero eso que hacemos ha de ser la mejor expresión posible de nuestra naturaleza.

Los tres niveles del deseo.

Ya vimos antes que la tarea esencial de la naturaleza humana es unificar los restos evolutivos que nuestra especie ha ido acumulando –el instinto, el sentimiento y el pensamiento– en una unidad coherente. Cuando esto se logra, estamos **personificados**, somos personas. La **socialización** es inevitable en el proceso, aunque requiere su propio esfuerzo. Finalmente, cuando ya estamos de acuerdo con nosotros mismos y ocupamos el lugar que nos corresponde en la sociedad que nos ha tocado, llega la tercera tarea, la que nos realiza plenamente en nuestra naturaleza, a la que he llamado, porque no se me ocurre un nombre mejor, **trascendencia**. Si queremos verlo como un proceso continuo, podemos decir que empezamos tomando posesión de nosotros mismos, después nos convertimos en una fuerza social y terminamos diluyéndonos en un universo en el que, de alguna manera, continuamos. Puesto en términos de deseo, el primero es existir, el segundo vincularse y el tercero crear. O dicho de otra forma, ser uno mismo, amar y hacer algo.

> **Test para saber si estamos perdidos en la vida**
> (sin ningún valor científico ni psicométrico)
>
> Llevo toda mi vida:
> - Volcado al servicio de los demás, con renuncia a mi propio desarrollo personal.
> - Haciendo lo que hay que hacer (según me dicen), sin pensar si estoy de acuerdo.
> - Concentrado en adquirir más y mejores medios materiales.

---

[31] Los juegos posibles en la vida son: el poder, la fama, el dinero, la procreación, el arte, el conocimiento, la salvación religiosa y "el juego maestro": la iluminación. R. De Roop, *The master game* (Delta, Nueva York, 1968).

- Superando a los demás, procurando ser más que nadie.
- Intentando averiguar qué es lo que tengo que hacer.
- Procurando que me quieran y/o que me tengan en cuenta.

Cuantas más respuestas positivas, más perdido estás. No es que ninguna de esas posibilidades sea mala, todas están bien, para hacerlas de vez en cuando. El truco está en la primera línea: "llevo toda mi vida", que quiere decir que das una importancia central a alguna o a varias de esas actividades. Y eso te ha despistado de lo único importante: ser tú mismo.

Cómo ser tú mismo

- Acéptate tal y como te percibes en este momento. O en cualquier momento. El rechazo de uno mismo es el signo más claro de estar perdido. No quiero decir resignarse ni conformarse, sólo aceptarse completamente, incluyendo aceptar las ganas que tienes de ser distinto.

- Quiere a alguien. No digo poseer, desear ni conseguir que te quieran. Sólo ser feliz porque alguien existe. Cuantas más personas, mejor. Pero no saltes a la humanidad, ni a todos los habitantes del planeta. Tienen que ser personas concretas, individuos vivos como tú. No hace falta que los conozcas personalmente, ni íntimamente, ni que ellos lo sepan. Si no te sale con nadie, prueba a empezar con una planta o con una mascota.

- Haz algo. Que te salga, que te salga bien, que te guste hacerlo. Hacer algo bien, totalmente concentrado en ello, es una de la enseñanzas esenciales del Zen. Da lo mismo que sea preparar el té, arreglar flores, tirar con arco o jugar en bolsa[32]. Sólo asegúrate de que lo haces bien. Práctica todo el tiempo que haga falta.

---

[32] No me invento nada. Si quieres más detalles, puedes leer *Zen in the Art of Archery*, de Eugen Herrigel (Vintage, Nueva York, 1971); *Zen and Creative Management*, de Albert Low (Playboy Paperbacks, Nueva York, 1982) y, sobre todo, *Mente Zen, mente de principiante*, de Shunryu Suzuki (Editorial Estaciones, Buenos Aires, 1987).

5.4. El viaje como generador de crisis creativas

Un día, hace mucho tiempo, siendo residente de Psiquiatría en Montreal, le pregunté a mi maestro Wolfgang Luthe un detalle técnico de su nuevo método psicoterapéutico. Me miró sonriente y me dijo "te lo explicaré cuando acabes de entenderlo". Me pareció un juego de palabras tonto y me lo tomé como una broma. Cambiamos de tema y olvidé totalmente el asunto. Años después, volviendo de un congreso en Vancouver, según me estaba quedando dormido en el avión, tuve un sobresalto y comprendí lo que me había dicho: cuando hice la pregunta, estaba convencido de que los conocimientos se trasmitían hablando. Pero la respuesta que yo necesitaba no era un conocimiento teórico, sino un cambio de actitud. Algunas cosas sólo se saben cuando se vive, y cuanto más se habla de ellas antes de comprenderlas, más se confunde uno. Puede parecer una tontería, pero para mí fue importante. Acababa de descubrir que la esencia de un método no es cómo se hace, sino el principio en el que se fundamenta. Si entiendes el principio, puedes describir y aplicar el método de muchas formas diferentes. Y cada una de estas variantes va configurando poco a poco una forma de ver las cosas que hace obvio algo que antes no podías comprender. Por eso es fácil distinguir a los profesores que resumen lo que han leído de aquellos que saben de lo que están hablando.

Tantas veces he descubierto algo sin esfuerzo a lo largo de un viaje, que he llegado a la conclusión de que es una buena manera de ordenar las ideas y de verse a sí mismo desde una perspectiva nueva. Por supuesto, no me refiero a viajes organizados donde todo está previsto, rodeado de una pequeña sociedad trasplantada de donde uno viene. Viajar es dejar todo lo familiar y sumergirse durante un tiempo en circunstancias desconocidas. No es llevar la isla de la vida habitual a otro sitio, sino formar parte temporalmente de un sitio que no es el tuyo. Von Keyserling lo dice tan bien, que voy a repetir sus palabras:

El camino más corto para encontrarse a sí mismo da la vuelta al mundo... Quiero anchuras, dilataciones donde mi vida tenga que transformarse por completo para subsistir, donde pensar requiera una radical renovación de los recursos mentales, donde tenga que olvidar mucho de lo que supe y fui...[33]

---

[33] Hermann von Keyserling. *Diario de Viaje de un Filósofo* (Espasa-Calpe, Madrid, 1928).

La vida habitual nos da continuidad y seguridad, pero nos encierra en unas rutinas de las cuales la peor es la pereza mental. Las maravillas que vemos todos los días no nos dicen nada, a lo sumo nos confirman en lo que ya sabemos. En cambio, lo que es un pequeño detalle cotidiano para gentes lejanas, puede abrirnos de repente a ideas que nunca se nos habían ocurrido. Las preguntas importantes son siempre las mismas[34], pero en cada sitio uno encuentra respuestas diferentes.

Cómo viajar

Llevar una tarea. A mí me ayuda mucho ir a un congreso o a dar una conferencia. Puede servir visitar un museo, los restos de una antigua civilización o investigar algún aspecto interesante de la historia local. Naturalmente, la tarea es sólo una excusa para participar sin darnos cuenta en lo verdaderamente importante: la vida de la gente, cómo son, qué es lo que hacen, cómo viven, cómo se tratan entre ellos, cómo tratan a los extraños. La verdadera finalidad del viaje tiene que estar oculta incluso para uno mismo, porque, si nos fijamos demasiado, corremos el riesgo de corromperla con nuestras expectativas y prejuicios.

No saber nada. Allá donde fueres, haz lo que vieres, dice un refrán. No pienses en tus soluciones, ni mucho menos intentes imponérselas a tus huéspedes. Descubre cómo lo hacen ellos, sigue sus costumbres, respeta sus leyes.

Cruzar la calle en Camboya es una experiencia sorprendente para un europeo. No parece existir ninguna regla especial que regule el tráfico, otra que no colisionar los vehículos ni atropellar a los peatones. La forma de hacerlo es caminar despacio en línea recta, sin variar el ritmo del paso ni hacer quiebros, sin mirar a ningún conductor (puedes ponerlo nervioso), con una fe absoluta en que llegarás al otro lado. Los vehículos mismos te sortean, lo mismo que lo harían con una vaca o con un elefante. Por supuesto, no se te ocurra conducir, a menos que hayas nacido allí.

---

[34] Creo que esas preguntas son tres: cómo estar a gusto consigo mismo, cómo querer y ser querido y cómo crear algo que quede. Cada ser humano tiene que encontrar sus propias respuestas, pero cada cultura ofrece su propio menú de opciones. Claramente, cuantas más culturas conozcas más opciones tienes, a parte de las que a ti se te ocurran.

Respetar. Ninguna consideración de raza, religión, costumbres, posesiones o limpieza vale un pimiento, en comparación con el milagro común de ser humano. Y aplica en todo momento la norma anterior.

Participar. Si no sabes el idioma, empieza por aprender las palabras clave. Ve donde van ellos. Evita a los turistas. Ten cuidado, sin embargo. Después de todo, no eres de allí.

Al volver a casa, siempre me doy cuenta de que veo lo mismo de siempre, pero de otra forma. No he encontrado ningún sitio en el que no haya aprendido algo. Siempre ha habido algo que me ha cambiado, que ha ampliado mi mente y que me ha hecho sentirme más feliz de pertenecer a la especie humana. No son los detalles diferentes los que más influencia han tenido en mi vida, sino las actitudes y los procesos mentales de las personas para las cuales esos detalles son de lo más normal.

Volviendo al tema general de este capítulo, el viaje es una ruptura controlada con lo cotidiano. Durante un tiempo, nos hemos salido de nuestro caldo de cultivo habitual, sin tener que tomar ninguna decisión drástica ni tener que enfrentarnos con nadie. Puede que ahora sepamos valorar mejor si estamos a gusto y calentitos, o si nos estamos cociendo poco a poco.

Capítulo seis

Los dolores del crecimiento [35]

Es un hecho que nacemos. Existimos desde antes, pero todos estamos de acuerdo en fijar como fecha de inicio nuestro primer día al aire libre. Desde que se produce el milagro de la fecundación, una célula que no es ni como la de mamá ni como la de papá (es una mezcla de las dos, vale, pero es distinta) empieza a actuar por su cuenta, totalmente decidida a convertirse en nosotros. Hay criterios diferentes para decidir cuándo lo consigue. El Papa de Roma dice que desde el primer momento. Algunos expertos en ética aseguran que tres meses después, otros que a los siete y la gente normal cuando la oye llorar. Los Estados, por lo general, sólo están convencidos de que alguien existe cuando lo tiene registrado en sus catálogos, a ser posible con un número asignado en un certificado.

Vista desde dentro, la existencia es un asunto muy personal, ante el que vamos tomando actitudes diferentes según pasa el tiempo. Por lógica, debería ser algo emocionante y divertido, pero la realidad muestra que, a veces, resulta bastante desagradable.

Factores que hacen desagradable la existencia:
- Demasiada intensidad. Más de la que estamos preparados para digerir en ese momento. Eso es un trauma.
- Falta de control. Ya he dicho que la existencia es un asunto muy personal. Nos fastidia bastante que alguien o algo se meta por medio y parezca más suya que nuestra.
- Inutilidad. Tiene que ver con el control. Nos gusta producir efectos, que lo que hacemos dé resultado.
- Soledad. Realmente, no se puede vivir solo. La vivencia de soledad es una forma de perder la vida.

---

[35] En algunos apartados de este capítulo voy a reproducir fragmentos de mi artículo "El estrés en la infancia", publicado en *Niños difíciles: Diagnóstico y tratamiento* (Karpos, Madrid, 1979), con el amable permiso del editor, José Arana.

- Envidia. Fastidio por las existencias ajenas.
- Acidia. Pecado capital, que consiste en falta de interés y gusto por la existencia.
- Miedo a perderla. En cuanto uno se acostumbra, ya no sabemos vivir sin ella.

Cualquier programa de desarrollo personal que se precie, asegura que podemos eliminar los factores que hacen desagradable la existencia. En teoría, dicen, debe de haber un estado en el que todo esté bien y tengamos la vivencia de la felicidad perfecta. Una persona en ese estado es serena, poderosa, eficaz, está unida a todos los seres vivientes, le encanta su vida y la de los demás, y no tiene miedo. Según una fantasía muy difundida, que a lo mejor es verdad, ya hemos sido así antes de nacer. Otra fantasía parecida dice que hubo una época dorada (¿el Paraíso Terrenal?) en la que todo el mundo era así. La mayoría de los humanos pasan su vida intentando conseguir la felicidad perfecta y se sienten muy desgraciados al comparar con ella sus estados reales Por eso aconsejo ocuparnos en cada momento de lo que la vida nos ofrece, aunque es buena idea mantener la seguridad de que estamos yendo hacia algún sitio. Dicho de otra manera, hay que seguirle el rollo a nuestra naturaleza, entre otras cosas porque es la norma más segura que tenemos.

Sin necesidad de recurrir a ninguna ayuda especial, el desarrollo personal es inevitable. Crecer y cambiar forman parte de nuestra naturaleza. Volviendo a la cuestión de nuestra célula original, creo que lo que quiere es llevarnos al desarrollo máximo del que somos capaces. Sólo cuando esto ocurre podemos decir que hemos llegado a ser nosotros mismos, lo cual, aparte de ser lo más a lo que podemos aspirar, es el trabajo de toda una vida (como mínimo).

6.1. El ciclo vital

Crecer y desarrollarse no es una función continua, sino que progresa a saltos, por etapas. Casi todos los pensadores han tenido en cuenta esta observación para construir sus teorías y la mayoría de los políticos para levantar sus Estados. El mito de la Esfinge, trasmitido hasta nosotros por el dramaturgo griego Sófocles, ilustra la importancia del tema:

Tebas estaba amenazada por la Esfinge, un monstruo terrible al que ninguna fuerza podía vencer. Sólo un hombre de conocimiento, capaz

*de descubrir su secreto, podía acabar con su poder. Éste es el secreto
de la Esfinge:*

*"Cómo se llama un ser que por la mañana camina con cuatro
patas, al mediodía con dos y por la tarde con tres"*

*El héroe mítico que venció a la Esfinge se llamaba Edipo. Llevado
por su destino, llegó ante ella, escuchó las palabras de la prueba, y
respondió la verdad: "Se llama Hombre". En ese momento, al oír su
secreto revelado, la Esfinge se destruyó a sí misma.*

Aunque la historia de Edipo ha dado mucho juego psicológico, poco
se ha dicho de su aventura con la Esfinge. En una primera aproximación, podríamos tomárnosla como una de esas pruebas, más o
menos ingeniosas, que los héroes mitológicos van superando para
demostrar su valía. Puede que Sófocles quisiera redondear su perso-
naje, mostrar a su audiencia que no era solamente fuerte y trágico, sino
también inteligente e ingenioso. Pero para mí que el acertijo encierra enseñanzas bastante profundas, de esas tan difíciles de explicar que
sólo pueden trasmitirse mediante la experiencia artística. Vamos a
intentar entender lo que Sófocles nos quería decir:

En primer lugar, la Esfinge, enorme, inescrutable e imposible, es
una buena personificación de un obstáculo insuperable, ante el cual
todos nuestros recursos son inútiles. Hemos topado con una crisis.
Puede ser el angustioso poder de lo desconocido o la fuerza ciega de
la Naturaleza Anhumana[36]. Algo ante lo que somos impotentes, a
menos que nos paremos a pensar. De ahí la gracia y el mensaje de la
prueba del acertijo: para vencer a la Esfinge tenemos que pararnos a
pensar. Descubrir lo que no conocemos. Función humana *princeps*,
que nos distancia de lo anhumano.

En todo caso, *sólo un ser puede acabar con ella, un ser tan poderoso que basta su nombre para destruirla.* Edipo personifica aquí
no solamente el ingenio, sino también la comprensión del proceso
de evolución de la potencialidad humana. Su respuesta es la primera
descripción del ciclo vital: en la mañana de la vida, el bebé camina
a cuatro patas. En su plenitud sobre sus dos piernas, tan erguido como
quiera y, en la vejez, se tambalea con la ayuda de su bastón. Comprender el significado de estos cambios es la sabiduría que Sófocles

---

[36] Perdón por el neologismo. Inhumano es lo que va en contra de la naturaleza
humana. Anhumano es algo que no es humano, pero que no tiene nada específico contra nosotros, le somos totalmente indiferentes. La tortura es inhumana.
Los terremotos son anhumanos.

nos quería trasmitir: cada edad tiene su tarea, sus privilegios y sus servidumbres[37].

Al llegar la Edad Media, San Isidoro de Sevilla ya había aumentado las tres edades del hombre a seis. En sus *Etimologías* o *Libro de los Orígenes*[38] establece unos topes más bien generosos para cada edad: la primera es la infancia, hasta los siete años; la segunda es la puericia, "pura y no apta para la generación", hasta los catorce; la tercera es la pubertad, hasta los veintiocho años; la cuarta es la juventud, "edad firmísima", dura hasta los 50 años; la quinta es la madurez, la "edad de los señores... todavía no viejo, pero ya no joven", y finalmente la senectud, desde los 70 años hasta lo que dure.

Mil años más tarde, William Shakespeare[39] establece una nueva clasificación, esta vez en siete edades, en la que insiste en la idea de que cada tiempo tiene que dar su propio juego:

El mundo entero es un teatro
y todos los hombres y las mujeres meros actores
Hacen sus salidas y sus entradas
y un hombre en su vida representa muchas partes
siendo sus actos las siete edades. Al principio, el niño,
gimiendo y babeando en brazos de la nodriza
Y después el escolar quejique, con su mochila
y su reluciente cara matutina, arrastrándose como un caracol
que no quiere ir a la escuela; y después el enamorado;
suspirando como un horno, con una balada quejosa
dedicada al ceño de su amada; después un soldado,
lleno de extraños juramentos y barbado como un oso
celoso de su honor, rápido y brusco en la pelea
buscando la burbuja de la gloria
incluso en la boca de los cañones; y después el Juez,
con una hermosa tripa redonda, alimentado de buen capón

---

[37] Mi hija Leonor piensa que el enigma de la Esfinge sirve también como metáfora de la evolución humana: en los albores de los tiempos, el Antropitecus era poco más que un animal vulgar y corriente; después, la inteligencia del *Homo Sapiens* lo hizo erguirse para otear el horizonte y saber a dónde ir; el hombre actual (*Homo Technologicus*) sólo sabe moverse con el bastón de sus tecnologías.

[38] San Isidoro ha sido propuesto como Patrón de Internet, porque en sus obras se encuentran datos, no siempre muy relevantes, sobre casi todo. Véase www.elalmanaque.com/etimologias/.

[39] *As you like it (Como gustéis)*, Acto II, Escena VII. La traducción es mía.

con ojos severos, y barba bien recortada,
lleno de sabios dichos y de habladurías recientes
Y así va representando sus papeles: en la sexta edad se desliza
en zapatillas y un flaco pantalón
con lentes en la nariz y una bolsa en el costado
sus calzas juveniles, si las conserva, le quedarían anchas como un
    mundo
porque su talla ha menguado; y su fuerte y masculina voz
ha vuelto a ser aguda como la de un niño, aflautada
y silbante: la última escena de todas
con la que termina esta extraña y ocurrente historia,
es la segunda infancia, puro olvido
sin dientes, sin ojos, sin gusto, sin nada.

Así estaban las cosas hasta que, a principios del siglo XX, un vagabundo alemán, hijo único de una danesa sin marido, consiguió un empleo temporal como maestro de artes plásticas en una pequeña escuela infantil de Viena. Menciono estos detalles para que el lector se haga idea de la importancia que las casualidades y el azar pueden tener en el destino de un hombre: con el correr de los años, nuestro aventurero se convirtió en un destacado psicoanalista que, entre otros méritos, sacó el ciclo vital del terreno de lo poético y lo introdujo en la moderna psicología. Una vez en Viena, las cosas se deslizaron suavemente para Erik Homburg Erikson: la mayoría de sus alumnos eran niños extranjeros, hijos de estudiosos atraídos por la fama de Freud, con cuyos padres fue trabando amistad. En resumen, se psicoanalizó con Anna Freud, se casó con una bella doctora canadiense, huyó con todos ellos de Hitler, se estableció en Inglaterra, allí colaboró con Hartmann, el fundador de la Psicología del Yo y, finalmente, emigró, como tantos psicoanalistas europeos, a Estados Unidos [40].

El esquema biográfico de Erikson tiene interés para nosotros por varias razones. En primer lugar, es un caso práctico de aplicación de uno de mis consejos básicos: "ocuparse en cada momento de lo que la vida nos ofrece, sin perder de vista que estamos yendo hacia algún sitio". Erikson quería entender la vida y expresarla, y fue aprovechando para ello los materiales que iba encontrando: la experiencia de nuevos lugares en sus viajes, la conversación con gentes desconocidas,

---

[40] Estos chismes, y algunos más sobre otros discípulos de Freud, los cuenta Robert Coles en su libro *Erik H. Erikson. The Growth of his Work* (Little Brown, Nueva York, 1970).

la lectura y la pintura autodidactas, la educación de niños, el auto-conocimiento con el psicoanálisis y, finalmente, la práctica de una pro-fesión de éxito. Naturalmente, todo esto no le habría servido de mucho, si no hubiera sido porque el núcleo centralizador de su per-sonalidad le permitió tejer lo que ahora es una de las grandes apor-taciones de la Psicología: la comprensión del Ciclo Vital.

La segunda razón por la que la biografía de Erikson me parece rele-vante para su obra resulta fácil de entender. Conociendo su historia, es evidente que tuvo que atravesar numerosas crisis y que salió bien de todas ellas. No es nada extraño que titulara uno de sus primeros trabajos *Growth and crisis of the healthy personality (Desarrollo y crisis de la personalidad sana)*. Está claro que no se limitó en él a pre-sentar conjeturas ni revisiones teóricas, sino más bien la versión científica de su propia vida. Saber de lo que uno está hablando es lo que distingue a los Maestros de los maestrillos.

6.2. Las crisis de la vida

El gran descubrimiento de Erikson es que, aparte de las crisis que el azaroso acontecer pueda traer consigo, hay otras que vienen pre-programadas en la propia dinámica de nuestra transformación en personas. Pero, y ésta es su segunda gran aportación, esta dinámica interna no puede expresarse sola, sino que tiene que interactuar con las circunstancias ambientales apropiadas, con lo que Hartmann[41] lla-maba "el entorno ambiental promedio esperable". De ahí deriva la siguiente gran aportación de Erikson, la *epigénesis de la personali-dad*, según la cual las potencialidades innatas necesitan de un entorno apropiado, en un momento preciso, para poder desarrollarse.

Los detalles y las características específicas del entorno varían enor-memente de cultura en cultura y de familia en familia pero, para que el desarrollo proceda con normalidad, tienen que estar dentro de un rango compatible con las necesidades de la naturaleza humana. Cada niño nace preparado para interesarse, ser consciente, interactuar con las gentes que lo rodean y crear algo. Desde el autismo prenatal, el medio social se va ampliando progresivamente, empezando en una

---

[41] La obra de Hartmann es hoy en día poco conocida. Los psicoanalistas no la estudian porque es demasiado psicológica y los psicólogos tampoco, porque es psicoanalítica. Su libro capital es *Ego Psychology and the Problem of Adaptation* (International Universities Press, Nueva York, 1958).

díada con la madre y terminando en la fusión con la Humanidad. Conseguir integrarse en cada entorno requiere un cierto esfuerzo, tanto más llevadero para el niño cuanto más afortunada haya sido su selección de madre y de lugar donde nacer[42]. Cada etapa de la vida nos enfrenta con una tarea que no podemos realizar, lo que crea una crisis que logramos (o no) superar y finaliza con el fortalecimiento permanente de las dinámicas psicológicas que pusimos en marcha, forzados por la imposibilidad de la tarea.

De la misma manera que en el desarrollo del cuerpo humano los órganos se van formando uno tras otro, según un plan básico que se va manifestando en fases embriológicas concretas, el desarrollo psicológico sigue un esquema general que se completa en etapas críticas sucesivas. El conjunto tiene que formar siempre un todo armónico e integrado. Un fallo en alguna de las etapas inevitablemente repercute en todas las demás. Cada una de ellas tiene su momento y su entorno apropiado. No es bueno retrasarse mucho, porque la persona clave en cada momento puede dejar de estar disponible al cabo de cierto tiempo. Tampoco es bueno adelantarse, porque una maduración prematura puede dificultar la solidificación de los logros de la fase anterior.

Las crisis descritas por Erikson se denominan *crisis normativas*, porque forman parte del desarrollo humano y su resolución es necesaria para que éste sea adecuado, y también *crisis psicosociales*, porque se plantean en la interacción del psiquismo individual con la sociedad que lo rodea.

Conceptos esenciales de las crisis del ciclo vital:

- Son normativas. Todo el mundo tiene que afrontarlas para desarrollarse.
- Epigénesis: la personalidad se va formando por etapas en la interacción de su disposición interna general con el entorno concreto disponible.
- Las crisis son tareas secuenciales. Cada una permite la formación de una capacidad o cualidad, sin la que no es posible afrontar la siguiente.
- El éxito en la resolución de cada crisis significa un paso adelante en el desarrollo personal; el fracaso, un estancamiento, un defecto o una malformación psicológica.

---

[42] Es una broma. Los niños no pueden saber de quién ni en dónde van a nacer. ¿O sí?

El punto cero: la etapa prenatal y la crisis del parto. Se ha dicho que el primer trauma de la vida es el nacimiento, sobre cuyo recuerdo se modelan todos los demás[43]. Durante mucho tiempo no se ha prestado gran atención a esta hipótesis, con la que Freud no estaba muy de acuerdo, quizá porque con su método no es posible recuperar memorias tan tempranas y tan poco estructuradas. Sin embargo, en el curso de tratamientos con análisis autógeno aparecen fenómenos que pueden entenderse como la simbolización de experiencias grabadas durante el tránsito por el canal del parto. Sea cual sea el origen de esas representaciones, lo cierto es que, cuando aparecen, su neutralización terapéutica produce un giro marcadamente positivo en la evolución del paciente[44]. Leboyer[45], un ginecólogo francés, coincide en afirmar el potencial patógeno del parto, e insiste en que gran parte del trauma del nacimiento puede ser evitado, si se suprimen algunos de los elementos antinaturales añadidos por la cultura tecnológica actual. Así, hace notar el innecesario estrés producido por el ruido, la baja temperatura y la luz excesiva de los quirófanos; la importancia de un contacto físico inmediato del niño con la madre; la influencia negativa del nerviosismo de ésta, provocado por una situación para la que no está preparada y en la que no parece tener parte, etc. La presencia del padre en el parto, recomendada ahora por muchos, no tiene un carácter mágico, sino que su función principal es la servir de importante apoyo afectivo a la madre. Naturalmente, cuando esta participación se toma como una desagradable obligación impuesta, o como un acto de competitividad con otras parejas o con el ginecólogo, o cuando, por la razón que sea, no existe esta posibilidad de refuerzo afectivo mutuo durante el parto, su presencia no está indicada.

Incluso antes de que esté preparado para nacer, el estado físico y psíquico de la madre, reflejado en sus secreciones endocrinas y su actividad nerviosa, se trasmite por vía placentaria al feto en gestación, de la misma manera que sus intoxicaciones. No es necesario que éstas sean por drogas poderosas; un tóxico habitual, el tabaco, se relaciona sin

---

[43] Otto Rank, "The trauma of birth and its importance for psychoanalytic therapy", *Psychoanal. Rev.* 11:241-245. También: *The Trauma of Birth* (Harcourt, Brace & Co., Nueva York, 1929).

[44] L. de Rivera, "Autogenic Análisis: The tool Freud was looking for", *International Journal of Psychotherapy*, 2001, 6:71-76. Véase también: W. Luthe, *Autogenic Therapy. Treatment with Autogenic Neutralization* (Grune & Statton, Nueva York, 1973).

[45] F. Leboyer, *Birth without violence* (Alfred A. Knopf, Nueva York, 1975).

lugar a dudas con prematuridad y bajo peso en nacimientos a término, así como con una mayor mortalidad y morbilidad infantil. Otros factores de estrés prenatal son el descuido y la negación de su estado por la madre, la renuncia a la mayor necesidad de descanso que la naturaleza impone durante la gestación, la alimentación inadecuada y, sobre todo, las actitudes psicológicas negativas, tanto hacia sí misma como hacia la vida que lleva dentro. Marta Cogollor ha realizado en su tesis doctoral una excelente revisión de los factores que influyen en el psiquismo fetal, un tema que está adquiriendo gran actualidad[46]. La influencia del padre es en esta fase muy importante, aunque indirecta. Es difícil para una mujer estar tranquila y amar a un hijo que todavía no ha nacido si ella misma no se siente amada y protegida.

6.2.1. La primera crisis psicosocial: la vinculación con la madre

Desde su perspectiva psicosocial, Erikson empieza a contar las crisis de la vida a partir del momento en que se tiene que llevar a cabo la primera relación, que es, obviamente, con la madre biológica o persona que cumpla sus funciones. No es probable que antes de nacer el niño sea consciente de nadie más. Los datos con los que cuenta en el útero no dan para mucha valoración de la realidad de otros, aunque ha sido observado que responde a estímulos táctiles del vientre materno y a sonidos externos. Recientemente se ha insistido mucho sobre los positivos efectos de la música clásica en el desarrollo prenatal[47]; ciertamente, el desarrollo cerebral y la capacidad de aprendizaje están ya prácticamente a nivel neonatal desde 8 semanas antes de nacer. De todas formas, decimos que el niño viene al mundo en estado de autismo o, como a Freud le gustaba decir, de narcisismo primario. Sólo cuenta él.

Poniéndonos en el lugar del niño recién nacido, podemos imaginar el shock tremendo que ha de ser encontrarse de repente en el mundo exterior, un medio tan diferente del interior materno. Los pulmones, que estaban llenos de un suave líquido calentito, tienen que abrasar en su primer contacto con el aire. La piel, tan acariciada y protegida

---

[46] Marta Cogollor y L. de Rivera, "El psiquismo fetal", *Actas Españolas de Psiquiatría*, 1983, 11:205-212.

[47] Véase, por ejemplo, *El efecto Mozart para niños*, de Don Campbell (Ediciones Urano, Barcelona, 2001).

Tabla 9
Crisis de desarrollo psicosocial, según Erikson, y su relación con las de desarrollo psicosexual de Freud y la formación de cualidades humanas básicas

Edad	Crisis psicosocial	Persona relacionada	Etapa psicosexual de Freud	Cualidad moral
0-2	confianza-desconfianza	madre	oral	esperanza
1-3	autonomía-vergüenza	padre	anal	voluntad
3-6	iniciativa-culpa	familia	fálica	decisión .
5-14	laboriosidad-inferioridad	escuela	latencia	habilidad
13-20	identidad, confusión de la identidad	grupo de iguales		fidelidad
18-30	intimidad-aislamiento	cónyuge	genital	amor
25-50	creatividad-esterilidad	hijos y protegidos		generosidad
45-	integridad-desesperación	humanidad		sabiduría

*Erikson dice, en inglés, *care*. Es difícil encontrar una palabra exacta en español que trasmita la idea de cuidar con apreciación, supervisar con ternura, custodiar con respeto, expresiones todas ellas que están en el circulo semántico de *care*. La traducción simple de *care* por cuidar no me parece contener bien estos matices. Por eso elijo generosidad, en el sentido de contribuir y disfrutar con el desarrollo de los demás.

por los suaves tejidos del útero, debe estallar en la repentina sequedad del mundo terrenal. Acostumbrado al suave ritmo del corazón de su madre, los ruidos del quirófano deben ser insoportables. No es de extrañar que llore.

Leboyer aconseja facilitar la entrada del bebé al mundo con luz tenue, susurros y un baño de agua tibia, pero, aun así, su método es sólo un paliativo transitorio. Siguiendo a Freud, Erikson considera que la primera relación se establece a través de la succión del pecho materno, por eso correlaciona la primera crisis psicosocial con la fase oral del desarrollo psicosexual. Pero antes de mamar tiene lugar una interacción muy importante, que es el contacto físico de piel contra piel. Lo primero que hace un partero sensato es poner al niño sobre la madre y dejar que se acaricien. Para el niño, es el primer signo de que no lo ha perdido todo con nacer, que, aunque no sea tan envolvente y confortable como antes, sigue habiendo un cuerpo dispuesto a protegerlo. Curiosamente, la experiencia de contacto físico con el bebé también tiene su importancia para la madre[48]:

> *Durante algunos años, a mediados de 1970, los psiquiatras norteamericanos se encontraron con una sorprendente nueva patología en jóvenes madres: sin tener grandes rasgos neuróticos, ni conflictos familiares ni ninguna razón psicodinámica que pudiera explicarlo, estas mujeres se quejaban de no sentir amor por su bebé, a pesar de que, racionalmente, sabían que lo querían y que era un niño deseado. Investigando las condiciones subsecuentes al parto, Peterson descubrió el misterio: todas ellas habían dado a luz en clínicas supermodernas, altamente esterilizadas y científicamente concienzudas, donde uno de los protocolos básicos era aislar al niño de la madre durante los primeros días, "para facilitar la recuperación de la madre del estrés del parto y prevenir las infecciones del niño". Lo que no sabían los científicos, y sabe cualquier madre de pueblo, es que las primeras 48 horas son cruciales para la formación del instinto materno. Ver al niño, oírlo, tocarlo, pone en marcha circuitos neuronales que aumentan la secreción de oxitocina, hormona que, entre sus muchas funciones, activa la capacidad de vinculación. La madre experimenta un auténtico "imprinting" en el contacto temprano con su hijo, una activación de su disposición instintiva al amor materno. Afortunadamente, la solución resultó ser sencilla: primero, desculpabilizar a la madre y después recetar mucho abrazo, piel a piel, con el niño.*

Por supuesto que succionar el pezón es la siguiente fase esencial de la relación, pero no hay ninguna magia especial en ello. El hambre crea una necesidad que busca su satisfacción y la madre la satisface, con sus recursos biológicos o con una fórmula preparada

---

[48] G. H. Peterson y L. E. Mehl, "Some determinants of maternal attachment", *American Journal of Psychiatry*, 1978, 135:1168-1173.

en un biberón, pero la satisface. No se trata sólo de comer, hay todo un código de señales que unen al bebé y a la madre y es en el juego interactivo entre los dos como se va desarrollando la confianza básica, la seguridad de que uno no está solo, de que existe alguien dispuesto a salvarlo de la más masiva de las impotencias. Ahí es donde está la magia. En cierta forma, el niño va educando a la madre y a toda la familia de paso, tanto como ella lo educa a él. Muchas madres me han relatado cómo son capaces de dormir profundamente en lugares ruidosos, para despertarse de golpe cuando su hijo tose o gime. Inversamente, aunque eso no lo cuentan tanto, muchos niños arrancan a llorar cuando su madre está tensa, enfadada o particularmente estresada. La importancia dada por Freud y después por Melanie Klein a la satisfacción oral en esta fase es excesiva, porque no tiene en cuenta la enorme satisfacción que madre e hijo experimentan con otras muestras de cariño, como cogerlo en brazos, acariciarlo, hablarle, mecerlo, sonreírle, etc. En suma, ser conscientes el uno del otro.

Es obvio, sin embargo, que esta maravillosa díada pasa por sus malos momentos. No me refiero a situaciones trágicas de abandono, negligencia o pura incapacidad que, si ocurren, pueden generar graves problemas. Incluso en la mejor de las familias, la madre tiene otras cosas que hacer, otras personas, incluyendo su marido, con quien quiere estar. Además, las exigencias de un niño pueden llegar a ser, en algunas ocasiones, exasperantes y, en otras, simplemente imposibles de satisfacer. Las rupturas de la relación producen intenso desconsuelo, pero también sirven al niño para ir descubriendo su propia individualidad. De hecho, una madre perfecta, si existiera, no sería la mejor de las madres. Basta, como dice, Winnicott, con que sea una madre "suficientemente buena", capaz de satisfacer al niño lo bastante como para que se sienta cuidado y querido, pero no tanto como para que no descubra que va a tener que arreglárselas por sí mismo. La capacidad de imaginar a la madre cuando ella no está presente y el descubrimiento de formas de tranquilizarse y satisfacerse a sí mismo, (por ejemplo, meciéndose solo o chupándose el dedo) son creaciones personales obligadas por la frustración[49]. Por muy pequeñito que parezca, en su primer año el niño ya tiene que conseguir encontrar su equilibrio en una relación en la que recibe de todo, pero en la que siempre carece de algo. Ahí es donde aprende a recibir y donde se debate entre

---

[49] Donald W. Winnicott, *Maturational Processes and the Facilitating Environment* (International Universities Press, Nueva York, 1965).

conservar con gratitud[50] o rechazar con envidia. Este estadio se salda con un balance entre confianza básica y desconfianza, siendo la proporción relativa entre las dos la que marca el grado en que ha sido superado. También es el momento en el que se decide si la actitud básica ante la existencia va a ser de gratitud o de envidia. De todas formas, pase lo que pase, no todo está perdido: el resto de la vida seguirá ofreciendo posibilidades de mejorar la proporción.

6.2.2. La segunda crisis psicosocial: el tercero en discordia. Autonomía *vs.* dependencia

Progresivamente, el niño ha ido aprendiendo a percibirse a sí mismo y a distinguirse de la persona que lo cuida. Sobre los ocho meses de edad aparece un fenómeno curioso, el miedo a los extraños. Si no estaba presente antes, no es porque fuera más confiado, sino porque no distinguía aún a su cuidador/a habitual de cualquier desconocido amable. Al estar preparado para la segunda crisis, ya sabe bien que en el mundo hay tres clases de personas: él (o ella, perdón a las niñas, es la costumbre machista de la semántica impersonal), su madre y otros. Su sentido de individualidad se ha ido fortaleciendo y pronto dice tres palabras: nena (o nene, o como se llame), mamá y papá, que suele ser el otro de confianza. La experiencia de querer o no querer algo empieza a tomar forma en su personalidad y puede fácilmente volverse cabezota y pedigüeño, no porque necesite nada en especial, sino por practicar el fenómeno de ver sus deseos cumplidos.

Aquí es donde empieza el aprendizaje de los límites, que no es algo negativo, sino la capacidad de medir hasta dónde puede uno llegar. Los impulsos y fuerzas que aparecen son demasiado potentes y desconocidos para poder controlarlos; alguien tiene que enseñarle cómo hacerlo. Pronto aprende a decir que "no", lo que indica que está experimentando con los límites: no sólo va sabiendo que existen, sino que juega a imponerlos por sí mismo.

El psicoanálisis clásico da aquí mucha importancia a la capacidad de controlar los esfínteres. Es cierto que el niño tiene que aprender a hacer caca y pis, primero en armonía con su fisiología, pronto en cumplimiento

---

[50] Gratitud es más que dar las gracias. Es aceptar sin remilgos lo que a uno le dan, sabiendo que, al hacerlo, está afirmando lo maravillosa que es la fuente de su don. Envidia es no querer lo que te dan, porque sabes que es mucho menos de lo que el otro tiene.

de sus deberes sociales. Pero su verdadero problema es más general y amplio: se trata de saber cómo hacer lo que quiere, sin entrar en demasiado conflicto con lo que quieren los demás. Además, también sabe moverse, coger cosas (y tirarlas) y yo creo que el control de su motricidad en general es tanto o más importante que el de sus esfínteres.

Lo poco que sabemos del mundo interior de niños tan pequeños es por pura elucubración, por inferencias de la observación de su conducta o por empatía retrospectiva. Otro método, no menos seguro que los habituales, es a través de relatos de pacientes en análisis autógeno o en tratamiento con otras técnicas que faciliten estados de regresión profunda. Lo que sigue es uno de tales relatos:

"Estoy sentado en el suelo llorando. Veo algo encima de la mesilla y lo quiero. Nadie viene. Estoy solo. Me siento desamparado, abandonado. Nadie me quiere. Veo que el borde de la mesilla baja. No, soy yo que estoy de pie. Me muevo, estoy andando. Me caigo contra la mesilla, pero lo cojo o lo tiro. Es un vaso de agua..."

Puede ser un recuerdo auténtico o no, pero mi paciente pudo trabajar a partir de ahí su temor a afirmarse, sus sentimientos de vergüenza y su tendencia a depender de los demás para que tomaran por él decisiones que él podía tomar perfectamente.

Es costumbre personalizar en el padre la función de guiar al bebe por este estrecho camino pero, en su ausencia, la madre amorosa de la primera etapa puede hacerlo exactamente igual de bien. Lo importante es saber de qué va ahora la cosa: suponiendo que la crisis de vinculación esté bien resuelta, no pasa nada porque sea la misma persona la que trasmita lo que se puede y lo que no se puede hacer. En la interacción psicosocial óptima, el otro-importante se comporta como un asesor sabio, que le ayuda a ir descubriendo el punto exacto entre ser un monstruo caprichoso y dejarse aplastar por los demás. El exceso de control puede abortar la autonomía, convirtiendo al niño en un ser dependiente que no quiere nada y sólo hace lo que le dicen, sometido a la voluntad de los demás. Pero su ausencia total hace que se sienta perdido, porque, aunque ya tiene voluntad, todavía no posee los medios para ejercerla con éxito.

El sentimiento de vergüenza, de encajar mal, de ser ridículo o insuficiente, acompaña al fracaso ante la pretensión de conseguir lo que uno quiere. Si los demás se ríen, ridiculizan y castigan, es todavía peor. Si se lo toman a la ligera, sin negar que es verdad que has metido la pata, pero que puedes perfectamente hacerlo bien, el alivio es inmenso.

Nótese la importancia que una buena vinculación tiene para este juego. Fracasos relativos en la fase anterior hacen más difícil el desarrollo de la voluntad, entre otras cosas porque la autoafirmación puede vivirse como una contienda con voluntades más poderosas y hostiles. Nace así la duda, el tormento entre querer o no querer lo que uno quiere.

Creo que va quedando claro que la crisis no es solamente para el niño. Los padres también tienen que cambiar para adaptarse a la nueva realidad de tener otra voluntad entre ellos, una persona que quiere imponerse, sin tener ni idea de cómo ni para qué. El grado de placer que a ellos les produzca esta independencia hace que el niño aprenda que es bueno ser autónomo y la habilidad con la que le enseñen a reconocer y valorar sus límites, a que no sea un bruto. Por poner un ejemplo simple, está bien que coja sus juguetes, que los apile, que los mueva o que los haga sonar; no está bien que los tire por la ventana, que los rompa o que se arañe con ellos.

6.2.3. La tercera crisis psicosocial: cómo ser mayor. Iniciativa *vs.* inhibición

Ya estamos seguros de ser queridos en la vida, ya sabemos que somos alguien. Ahora viene la tercera pregunta: ¿qué clase de persona quiero ser? O dicho de otra forma, ahora que sé que puedo hacer algo, ¿qué hago? La niña ya camina, explora, entra, sale y se pierde. Cómo mantener su entorno seguro, sin agobiarla ni cortar toda iniciativa, crea una crisis enorme para los padres. Algunos meten al niño en una jaula. Otros pasan de él mucho más de lo prudente. El niño tiene que estar haciendo siempre algo, pero, a diferencia de su actividad anterior, que era meramente un ensayo de voluntad, ahora lo que más le importa es conseguir resultados, producir efectos, descubrir para qué sirve ser alguien. Como todavía no sabe realmente hacer nada, empieza a pretender, a imitar, a imaginar. Es la edad del juego, de la representación terrenal del mundo que está creando en su mente que, a su vez, es su interpretación personal de lo que ha vivido a su alrededor. A veces se pasa de rosca. Ve monstruos y fieras horribles. Sueña y le cuesta distinguir sus pesadillas de la realidad. Si en la primera etapa aprendió a vincularse y en la segunda a imponerse, ahora tiene que dominar las fuerzas que alimentan su imaginación. Quisiera ser ya grande y poderoso como los adultos. Se pone los zapatos de su padre, usa sus cosas y, a veces, las pierde o las rompe. Entra en conflicto con esos seres admirables y, en ocasiones, imprevisiblemente peligrosos. Lo que más duele del primer azote es la sorpresa y, peor aún, la experiencia de desaprobación. Empieza a desarrollarse el criterio, la capacidad de diferenciar entre lo que es grande y lo que es pequeño, entre lo caliente y lo frío, entre lo que se come y lo que no y, lo más importante de todo, entre lo que está bien y lo que está mal.

> *Luisita tiene casi cuatro años y está fascinada por el agua. Sus sesiones de baño son interminables, porque los padres han descubierto que se deja enjabonar, restregar y aclarar encantada, a condición de poder luego quedarse un rato largo con sus juguetes en la bañera. Un día su madre tiene visita y, como suele ocurrir, no está haciendo mucho caso a la niña, que la interrumpe continuamente:*
> *"Mamá, ¿esto flota? No hija, no, es una cuchara, déjala en su sitio. Mamá, ¿esto flota? Claro, hija, es una pelota. Vete a jugar. ¿Mamá, esto flota? Que te vayas con tu hermano, niña, ¿no ves que estoy ocupada?"*
> *Luisita vuelve al cabo de un rato, muy digna, y anuncia triunfante a la concurrencia:*
> *"No flota". La seriedad de su aspecto alarma a su madre, que no se fía ni un pelo de los "descubrimientos" de su hija. Va corriendo al cuarto de baño y allí, en el fondo de la bañera, debidamente sumergido, como corresponde a su peso, está el bolso de doña Clotilde, la visita.*

Desde el Cielo de los Sabios, Arquímedes sonríe, orgulloso de la niña. Su madre, no. Luisita ha aprendido dos cosas: una, que los bolsos de señora no flotan. La otra, que más le vale no tocarlos.

En la fase dos, el niño aprende a medir sus fuerzas, a saber qué es lo que *puede* hacer y lo que no. En la fase tres descubre que hay cosas que puede hacer, pero que no *debe*. Es la aparición de la conciencia, en el sentido moral, lo que en términos psicoanalíticos se llama superyo. Algunos niños lo aprenden tan bien que se convierten en jueces implacables de sus propios padres, porque les cuesta mucho comprender la doble moral vigente en la mayoría de las familias. "¿Por qué me tengo que comer yo las acelgas si papá no se las come?", "Has gritado, mamá. Gritar está mal. Eres mala" y así.

A diferencia de la vergüenza, que es el horrible sentimiento de no valer, aparece ahora la culpa, que es la pena por haber sido malo o por haber hecho daño. Hace falta ser muy mayor para sentirse culpable, por lo menos tres años. Una excesiva tendencia a la culpa va corroyendo la iniciativa, porque ¿cómo puedo yo estar seguro que esto no está mal, si me regañan por todo? El niño muy regañado acaba volviéndose inhibido, sobre todo si lo es de forma errática y contradictoria, lo que le dificulta formar su propio criterio. O puede llegar a la conclusión de que la reprimenda no depende de sus acciones, sino del humor de sus padres en cada momento, con lo cual es fácil que se convierta en un rebelde irresponsable.

Los psicoanalistas insisten mucho en la importancia que en esta fase tiene el descubrimiento del pito, insignia anatómica que marca la diferencia entre hombres y mujeres. Los compañeros de juegos empiezan a discriminarse entre sí por razón de sexo, con gran consternación de los modernos. En verdad, cualquier observador atento puede descubrir que hay diferencias en esta etapa que no tienen que ver solamente con la educación sexista. Los mayores que sirven de ejemplo suelen venir en dos géneros y es bastante normal que cada niño quiera imitar al que más se le parece. O puede ser que las madres traten diferente a los niños que a las niñas y los padres, ciertamente, también lo hagan. Pero también está el asunto de los cromosomas, esas pequeñas fibras que hay en cada célula y que ninguna persona normal ha visto, aunque todos creemos firmemente que existen. Según los genetistas, las niñas tienen uno más grande que los niños. Su cromosoma X, que se llama así porque tiene forma de X, está repetido, tienen dos iguales. Los niños sólo tienen uno, al otro le falta un palito y es una mera Y, y además es más pequeño. Debería bastar esta demostración científica para confirmar la innata superioridad del sexo (género) femenino, pero la verdad es que, en la guardería, los niños tienden a ser más fuertes, más brutos y más avasalladores que las niñas. Sus juegos son más competitivos, más intrusivos y destructivos, mientras que los de las niñas suelen ser más cooperativos, más cuidadosos y constructivos. Como están en la fase de formar criterio, no es de extrañar que todos tengan gran interés por las diferencias sexuales, en concreto y, en general, por las características de lo femenino y de lo masculino que su cultura apruebe. No creo que sea buena idea engañarlos y decirles que los niños y las niñas son iguales, porque son distintos. Otra cosa es que todos tengan los mismos derechos, las mismas responsabilidades, las mismas oportunidades. De todas las circunstancias que rodean nuestro ser esencial, el sexo es la primera que tenemos que asumir, sin vergüenza (fase dos) y sin culpa (fase tres) porque, si no, vamos a tener problemas cuando lleguemos a la fase cinco, la construcción de la identidad.

6.2.4. La cuarta crisis psicosocial: cómo se hacen las cosas. Habilidad *vs.* incompetencia

Ya está bien de juegos. La dura realidad se impone y ha llegado la escolarización. Muchos niños de hoy ya han tenido experiencias previas de guardería en plena fase tres, y algunos incluso desde la fase uno. Pero, sea cual sea el entorno, las necesidades evolutivas del niño se imponen, no hay manera de saltarse etapas. O, por lo menos, no conviene hacerlo. La mayoría de los niños hipermaduros están, en realidad, haciendo trampas y guardándose tareas críticas para completar más tarde. Un tenue sentido de identidad se ha ido forjando en la fase anterior, en la que se ha consolidado la capacidad de iniciativa y el deseo de saber hacer algo. Ahora ha llegado el momento de aprender en verdad a hacerlo bien. La industriosidad, como la llama Erikson, es la capacidad de iniciar, perseverar y finalizar una tarea que tenga existencia real en el mundo. Éste es el reto de esta etapa, que empieza sobre los cinco años, y su alternativa es la "patosidad", la incompetencia y el sentimiento de inferioridad. Algunos niños tienen la suerte de poder colaborar con sus padres y hermanos mayores en casa o con vecinos en el barrio en tareas domésticas, en la cría de animales, en artesanías o en cultivos. Pero la mayoría de los niños no saben lo que es trabajar hasta que llegan al colegio. Es en ese momento cuando se adquiere conciencia del propio valor, no por lo que nos quieren, ni por lo que nos dejan hacer, ni por lo buenos que somos, sino por nuestra habilidad para hacer las cosas bien. Durante más o menos siete años, cualquier otra consideración disminuye ante el reto de cumplir objetivos y sentirse útil. Naturalmente, todas las etapas se solapan y ésta más que las anteriores. Durante mucho tiempo se mantiene la necesidad de jugar, que ya a finales del período anterior se había ido convirtiendo en una actividad organizada, con reglas y objetivos, con premios y fracasos. Para el niño de esta edad, la diferencia esencial entre el juego y el trabajo está en la diferente función que cumplen. El juego es una manera de expresarse y de escenificar sus dificultades; el trabajo, una forma de obtener logros valiosos y de irse labrando un hueco en el grupo. Ya a través de sus juegos habían ido adquiriendo sensación de maestría, dominio sobre las cosas, comprensión de cómo funcionan y de las leyes que rigen el mundo. Los juguetes tienen sus leyes, que pueden ser las de la mecánica o las de la electrónica, se resisten a algunas manipulaciones, se rompen y, a veces, resulta que pertenecen a otra persona, o que no son juguetes en absoluto. ¿Se acuerdan de la aventura de Luisita con el bolso de doña Clotilde? Era un juego muy razonable para una niña que estaba preocupada por su relación con el agua. Flotar puede ser cuestión de vida o muerte, de dominio gozoso de la gravedad o de hundirse como un plomo en un mundo extraño e irrespirable. Sus juegos de agua escenificaban un dilema existencial y, de paso, le servían para aprender incidentalmente a través de la experiencia. Fue una metedura de pata intentarlo con una prenda valiosa en lugar de con un peluche pero, para una niña lista, toda experiencia es aprovechable: hay cosas con las que no se juega.

En el mundo de la guardería el juego cambia, porque ya no se hace con juguetes, sino con personas. Al principio, los niños pretenden seguir el mismo método que con el mundo de los objetos. Se empujan, se quitan las cosas, pretenden que los demás hagan exactamente lo que ellos quieren. Pero aprenden rápido a cooperar, a competir respetando reglas, a distribuirse papeles, como si estuvieran en un teatro. Con esta dinámica ya iniciada es con la que empiezan la escuela y allí es donde el juego entra en dialéctica con el trabajo.

Para un adulto el juego ya ha perdido gran parte de su carácter infantil, aunque algunos lo conservamos mejor que otros. Jugar es para un adulto, sobre todo, la oportunidad de hacer algo distinto en un mundo irreal en el que las consecuencias no tienen importancia. "Es sólo un juego", decimos cuando alguien se enfada porque pierde un partido o porque se encuentra en medio de la rechifla de sus amigos. Para el niño, jugar es la vida misma, es su manera de sacar fuera de sí sus temores, sus dudas, sus imaginaciones para, así, poder manejarlas mejor. Es su forma de ir organizando su mundo interior y de ir ensayando su poder sobre el mundo exterior. Sabiendo esto, es sorprendente que la mayoría de los niños se adapten tan bien a la escuela.

Aprender es el principal trabajo del niño en la escuela, pero, afortunadamente, también tiene actividades que le permite ver que lo que ha aprendido sirve para algo. Como mínimo, para ganarse el aprecio del maestro. Pero, sobre todo, para obtener resultados. El dibujo lineal, por ejemplo, es puro trabajo. Uno no expresa nada, solamente demuestra su habilidad en el manejo de la regla y el cartabón. El dibujo libre es otra cosa, porque cada trazo, y no digamos cada tema, es una expresión de algo que el niño tiene dentro. Muchos niños "pintan monos" por su cuenta, pero nunca he visto a ninguno que haga geometrías para entretenerse. Me preocuparía si lo hiciera, porque me haría pensar que su mundo se está volviendo rígido, excesivamente regulado, o que está inhibiendo su necesidad de expresarse. O que está practicando para mejorar su técnica, lo cual también es posible. Muchos

padres se asombran de lo serios y responsables que sus indisciplina-
dos, rebeldes y caprichosos hijos pueden ser a la hora de hacer los deberes del colegio. Esto es, a menos de que se obstinen demasiado en obli-
garlos a hacerlos. En cuanto un niño percibe que le están forzando a
hacer algo que él quiere hacer, pierde todo interés por el tema. Eso
es bastante lógico, porque todo el misterio del desarrollo está en ir
siendo uno mismo, no en ser otra persona. Un buen colegio es aquel
que facilita la natural predisposición del niño a adquirir conocimientos y a saberlos aplicar. Claro que necesitan orden y disciplina,
pero no respetan al maestro por su poder sobre ellos, sino porque les
confirma la importancia de saber hacer las cosas, de hacerlas bien y
de hacerlas en su momento. El logro en esta crisis es el descubrimiento
de la habilidad, de la capacidad de producir efectos a través del
dominio estructurado de la actividad voluntaria.

> **Descartes de niño:** el famoso filósofo francés era ya mayor cuando acuñó
> su clásica frase "pienso, luego existo". Si hubiera querido afirmar su
> existencia antes, lo hubiera dicho de otra manera:
>
> - Al año: mi mamá me quiere, luego existo.
> - A los dos años: quiero algo, luego existo.
> - A los cuatro años: imagino, luego existo.
> - A los ocho años: aprendo, luego existo.
> - A los quince años: mis amigos creen que existo, luego existo.

6.2.5. La quinta crisis: ¿quién soy yo?
Identidad personal *vs.* despiste vital

La llamada crisis de identidad del adolescente es la más conocida
y llamativa de todas, y también la que más alarma a los adultos. Los
cambios de conducta y las necesidades de afiliación fuera del círculo
familiar son tan intensas en esta etapa que muchos padres tienen la
impresión de que ya no conocen a sus hijos, tanto llegan a cambiar.
Además, los grupos y subculturas en los que quieren integrarse están
cerradas a los que no son de su edad, lo cual aumenta en los padres
la sensación de extrañamiento.

Hay varias razones para los cambios radicales del adolescente:

- **La primera es puramente biológica.** En muy poco tiempo, el
cuerpo crece, la fisiología interna cambia, el impulso sexual, ador-
mecido en los años de latencia, rebrota en un torrente de hormonas. Algunos cambios del adolescente parecen retrocesos.

Llama la atención, por ejemplo, su repentina torpeza física. Se chocan con los muebles al pasar, tiran lo que hay encima, se les caen las cosas de las manos... su cuerpo ha crecido más deprisa que su capacidad de controlarlo o, dicho en términos técnicos, su esquema corporal es todavía el de un niño, mientras que su cuerpo es ya (casi) el de un hombre o una mujer.

- **La segunda es social.** En la etapa anterior ya había empezado a marcarse la ruptura entre familia y grupo social, que será ahora el nuevo referente de identidad. La adquisición de habilidades operativas y la inserción en un medio relacional extrafamiliar son evidencias óptimas de resolución de la cuarta crisis psicosocial y constituyen el primer paso en la salida hacia el ancho mundo. El techo protector de la casa familiar se ha abierto y el adolescente se encuentra solo bajo el sol, la luna y las estrellas. Es verdad que algunas culturas, en sabio contacto con la naturaleza, apoyan, ayudan y protegen al niño durante esta transición, mediante "ritos de *pasage*" o ceremonias estructuradas en las que toda la tribu confirma y valida que el niño o niña es ya un hombre o una mujer. Pero eso no pasa entre nosotros.

- **La tercera es psicológica** o, mejor, psicoevolutiva. En la eclosión de la adolescencia, los bruscos cambios biológicos y sociales fuerzan una recapitulación y reorganización de los logros de fases anteriores. El niño, que está dejando de serlo, ha alcanzado un sueño infantil que tenía olvidado: ser como su padre o como su madre. Es grande, se mueve en el mundo, produce efectos, es agente creador de vínculos. Pero, para sorpresa de todos, el modelo original ya ha dejado de servirle. Ha tenido numerosas oportunidades para descubrir los fallos y las limitaciones de sus padres y nuevos ídolos están apareciendo a su alrededor. Su identidad infantil, en cierta forma prestada, ya no le vale y necesita otra nueva, que tiene que ser validada y aceptada fuera de la familia. En cierta forma, tiene lugar un nuevo nacimiento psicológico, que marca el tránsito de ser hijo de familia a convertirse en ciudadano del mundo.

La construcción de la identidad

Desde la primera crisis normativa, el sentido de identidad ha estado presente, aunque, inicialmente, de manera vicariante a través de la madre[51]. Es en la segunda crisis cuando la autoconciencia se independiza con la afirmación de la autonomía, para organizarse en la tercera con el desarrollo de la decisión y del criterio y hacerse operativa durante la cuarta. Cada etapa va añadiendo algún rasgo distintivo que va formando una identidad infantil, englobada en la identidad familiar. Hay una continuidad entre todas estas fases, una yuxtaposición de avances que no llegan a ser suficientes para iniciar una vida independiente. Es en la quinta fase cuando surge la necesidad de formar una idea de sí mismo que otorgue la seguridad de ser alguien, aunque ello obligue en ocasiones a rebelarse contra todo lo que anteriormente había sido aceptado con facilidad

Es ahí donde empieza la búsqueda de la auténtica identidad personal, que Erikson define de la manera siguiente:

El sentido de identidad personal es la convicción de que la mismidad[52] y la continuidad internas coinciden con la mismidad y la continuidad de lo que uno significa para los demás.

Dicho de otra forma, la identidad personal depende del encaje de la definición que uno hace de sí mismo con la que hacen las personas importantes del entorno. Esta dinámica no es nueva. La correspondencia entre autopercepción personal y valoración externa ha sido necesaria en todas las etapas del desarrollo psicosocial; cada logro ha tenido que ser validado por la persona o personas significativas, que han sido diferentes a lo largo del desarrollo. Cuando esto no ocurre así, el niño se siente excluido de la nueva realidad social a la que el progresivo dominio de sí mismo le ha ido introduciendo, con consecuencias que varían desde el rechazo a ese entorno hasta la pérdida de los logros que había ido adquiriendo. No basta con resolver las crisis que se plantean en cada etapa; hace falta, además, que esa

---

[51] Es muy interesante aquí la discusión de Fonagy sobre el inicio de las primeras representaciones mentales del sí mismo (*self*), formadas a través de la internalización de la respuesta de la madre a las expresiones del bebé. La primera identidad no es estrictamente personal, sino interactiva, construida sobre la relación empática entre la madre y el niño. De ahí que el amor maternal instintivo forme una matriz básica más segura que cualquier guía racional o "científica" de cómo cuidar bebés. Peter Fonagy y otros, *Affect Regulation, Mentalization and the Development of the Self* (Other Press, Nueva York, 2002).

[52] Traduzco lo que Erikson llama *inner sameness* por mismidad interna, que significa la capacidad de seguir siendo el mismo internamente, de seguir sintiéndose la misma persona, independientemente de las circunstancias y de los cambios.

solución sea reconocida e integrada por las personas con las que se ha desarrollado.

> **Personas significativas en cada crisis, por orden de aparición:**
> - Hasta los dos años: la madre o figura materna.
> - De uno a tres años: el padre o figura paterna.
> - De tres a seis años: la familia amplia.
> - De los cinco a los 14: la escuela.
> - De los doce a los veinte: el grupo etario, la pandilla, los amigos.

En la adolescencia aparecen nuevas preocupaciones sobre la apariencia física y sobre cómo uno es percibido por los demás. La aceptación y las opiniones de padres y maestros pasan a un segundo plano; por primera vez, el niño se atreve a dudar seriamente de ellos. Esto ocurre en el curso de un desarrollo normal óptimo. Si ha habido fallos anteriores en la interacción con la persona significativa, la duda se desorbita hacia el rechazo abierto y la franca rebeldía. O, al contrario, un niño excesivamente "bueno", obediente, callado, inhibido, vergonzoso y predispuesto a la culpa, se encuentra ahora inerme para hacer frente a nuevas exigencias que lo sobrepasan. Son entonces grandes los riesgos de que aparezca cualquiera de las patologías propias de esta edad, desde la anorexia a la psicosis, pasando por los distintos síndromes ansiosos y depresivos. O tal vez decida no crecer nunca, se encierre más y más en lo conocido, e intente permanecer para siempre como un buen hijo de familia.

En todo caso, el reto por integrarse entre sus pares lleva a nuevas preocupaciones por su imagen ante los demás. Justo en el momento en el que más importante es tener una idea clara sobre sí mismo, aparece una enorme dependencia de las actitudes y opiniones ajenas, con frecuencia de personas que están en su misma situación o que han sido reconocidas como ídolos por su grupo. Sorprende cómo un chico o chica rebelde y contestón en casa pueda ser tan sumiso a los dictados de la moda juvenil, a las reglas de su pandilla o a los encantos de las sectas. Se abre un tiempo de experimentación, que no suele causar mayores problemas, aunque el riesgo de la promiscuidad, del abuso de sustancias y de las conductas delictivas está siempre presente. Atrapado en el dilema entre "quién soy yo y qué pinto en el mundo" (esto es, en la parte del mundo que interesa al adolescente) y la sensación de inseguridad y vacío que da no ser nadie, algunos jóvenes pueden tomar decisiones escalofriantes para afirmar su identidad.

La capacidad de constancia en la realización de tareas, desarrollada gracias al esfuerzo de la cuarta crisis, da base para una buena entrada en la construcción de la identidad. Ahora no basta con ser laborioso, hace falta, además, serlo de manera permanente en el desarrollo de una actividad coherente, forjándose así una profesión o un oficio reconocido. La elección de la futura identidad laboral es una de las mejores maneras de salir de la quinta crisis, por lo menos la más estandarizada en nuestra cultura. Decidir que uno quiere ser médico, ebanista, abogado o pintor da un núcleo mental alrededor del cual es fácil cristalizar un sentido de identidad. Otras alternativas son identificarse como cristiano, budista, seguidor de maharashi, o como pandillero, drogadicto o anoréxico. En todo caso, la autoasignación de una etiqueta es una tentación siempre presente a lo largo de este período y los mayores debemos estar atentos a evitar la consolidación de las menos deseables. Nuestro criterio en cuanto a la asignación de etiquetas debe ser el grado de destructividad que conllevan. Los agentes sociales, médicos, psicólogos y jueces en particular, tienen que ser cautos en sus decisiones con gente de esta edad, porque no es lo mismo sufrir una crisis grave de difusión de la identidad que ser esquizofrénico, ni llevar un tiempo comiendo poco que ser anoréxico, ni cometer una fechoría que ser un criminal[53]. La primera opción es un problema más o menos tratable; la segunda, una definición que pone en marcha el mecanismo de la profecía autocumplida. Más de un adolescente se aferra a un diagnóstico o a una condena para afianzar una identidad que, aunque mala, es mejor que nada.

Identidad y sexo (género)

La atracción entre los sexos empieza en la muy tierna infancia, siendo la cuestión de la diferencia de edad bastante secundaria al principio. Recordemos que una de las bases de la teoría psicoanalítica es la atracción que el niño siente por la madre y la niña por el padre, fenómeno biológico que atraviesa diversas vicisitudes y acaba sumergiéndose hasta casi desaparecer en los años escolares. Después de ese período de relativa latencia, emerge de nuevo, al principio de manera esporádica y algo conflictiva. Sobre los diez años niñas y niños empiezan a interesarse por sus compañeros/as de juego de manera distinta,

---

[53] Véase mi artículo "La ética del diagnóstico", *Psiquis*, 1996, 17:13-23 (www.psiquis.com).

con una curiosidad que, a veces, asume matices agresivos. Para los catorce, ya es difícil encontrar algún ser humano que no haya experimentado arrebatos de infatuación amorosa, fenómeno que es la norma a partir de los dieciséis. Ligar es una de las mayores preocupaciones durante la quinta crisis, lo cual viene a complicar los desvelos propios de la búsqueda de identidad. El éxito con el otro sexo es doblemente gratificante, primero porque sí, pero no menos importante, porque sirve para afianzar un aspecto de la identidad personal. En culturas que no ofrecen a la mujer muchas otras posibilidades, su capacidad de atractivo puede ser la piedra angular en la construcción de su identidad, dando diversos tipos, desde la casquivana hasta la muchacha casadera. Para los chicos, siguiendo con esta misma sociedad estándar, el asunto, aunque importante, suele desactivarse por las demás oportunidades que se le ofrecen. Está claro que los principios culturales en los que reposa esta especialización están en franca revisión, añadiendo complejidad a nuestros tiempos y difuminando la influencia del sexo (género) en las decisiones críticas.

> *Una colega me comentaba su enorme disgusto con un curioso incidente, por otra parte de apariencia totalmente banal, que tuvo lugar cuando tenía dieciséis años. Excelente estudiante, convencida de que quería una vida profesional, estaba explorando su disposición para distintas vocaciones. En búsqueda de información y consejo fue a ver al médico de su pueblo, un hombre afable y buen amigo de la familia, y le participó sus inquietudes.*
>
> *"Pero –respondió el buen doctor con aire sorprendido– con lo guapa que tú eres no hace falta que estudies".*
>
> *A la típica manera adolescente, pasó varios días llorosa y depresiva, enfureciéndose con todo aquél que le preguntara que le ocurría. Finalmente, siguió adelante con sus planes y hoy en día es una excelente psiquiatra, además de una señora guapísima.*

La especialización en lo que parece más evidente o viene más a mano no es necesariamente la mejor manera de formar la identidad. Lo que cuenta es la integración en un todo homogéneo de los distintos aspectos de uno mismo, logrando un resultado final que es más que la simple suma de sus partes. Cuando mi amiga la psiquiatra me contó su historia, me acordé de una famosa frase de Dilthey[54]: "La vida

---

[54] Wilhelm Dilthey es un filósofo alemán de principios del siglo XX, de cuya importancia supe en mi primera oposición a cátedra. Nada más terminar de

es una misteriosa trama de azar, destino y carácter". En su caso, las palabras del médico amigo de la familia fueron el azar; la mentalidad decimonónica en que fueron concebidas, el destino; la decisión de seguir su vocación, una manifestación de su carácter. Si la intensidad de los componentes de la ecuación hubiera sido distinta, por ejemplo, si ese tipo de azar se hubiera repetido con más frecuencia, o si el ambiente machista hubiera sido más intenso y preponderante, o si su carácter –la fuerza de su capacidad de autodefinición– hubiera sido más débil, probablemente su vida sería ahora distinta.

La crisis de identidad se resuelve cuando, conjugando acertadamente capacidades y disposiciones con oportunidades y posibilidades, el joven toma una decisión crítica sobre quién es él –autodefinición– y cómo va a construir su vida.

En algunos casos, esta decisión se pospone durante largo tiempo, situación bastante llevadera hoy en día gracias a los largos estudios universitarios y a la paciente comprensión de los padres. Erikson llama a las estructuras y dinámicas que amplían el tiempo crítico "moratorias psicosociales". En la mayoría de las culturas primitivas no existen tales moratorias. En algunas hay que tenerlo claro para los quince años, pero en nuestro afluente occidente se puede aguantar hasta los veintitantos.

6.2.6. La sexta crisis psicosocial: el amor. Intimidad *vs.* aislamiento

Sólo cuando una persona se siente razonablemente completa consigo misma es oportuno que se plantee unir su vida con otra. Inversamente, sólo puede ser satisfactoria la unión con otra persona cuando ésta ha completado razonablemente su individualidad. La sexta crisis, que empieza al final de la adolescencia, se resuelve cuando dos personas de identidad firme son capaces de unirse y de guardarse fidelidad. Para ello, hay que encontrar un punto adecuado entre el egoísmo, solitario o promiscuo, y la entrega absoluta a otro, con negación de la

exponer mi visión de la psiquiatría, el presidente del Tribunal me espetó: "Lea usted a Dilthey, joven". Lo he hecho, y me gusta. Sus dos obras capitales son *Teoría de la concepción del mundo* y *Psicología y teoría del conocimiento*, ambas muy bien traducidas por Eugenio Imaz y publicadas por el Fondo de Cultura Económica de México.

propia personalidad. La amistad durante la fase de forjado de la identidad tiene más de reconocimiento de pertenencia al mismo grupo que de compromiso efectivo entre dos individuos. Los amoríos adolescentes suelen acabar mal, porque son más un juego experimental que un compromiso serio, aunque raramente los protagonistas son conscientes de ello. Con buena suerte, estas parejas de transición son un doble apoyo, tanto para el proceso de formación de la identidad personal como para el aprendizaje de las tareas del amor. Con mala, son una de las causas más frecuentes de depresión en el adolescente y el adulto joven. Los amores obsesos, que pueden presentarse a cualquier edad, suelen indicar un fallo en la tarea de formación de la identidad. Necesitar a otra persona para que la vida tenga sentido no es exactamente amor, sino apropiación de otro para completar una identidad insatisfecha. Quizá pudiera exceptuarse, en otras épocas, la imagen tan denostada ahora por las feministas de la mujer que entrega su vida al cuidado de su esposo y al de su familia. Esta identidad basada en el género no es muy fácil en los tiempos que corren, lo cual es una pena, sobre todo para los hombres. Tiene, además, el inconveniente añadido de que la excesiva dedicación a otra persona pone, literalmente, la propia vida en manos ajenas.

El amor de pareja es sólo una de las variantes de la normal tendencia afectiva hacia los demás. Ya desde los griegos se distingue entre *eros*, el amor sexual, *filos*, la amistad y *ágape*, el sentimiento puro de amor, inespecífico y difuso, que se dirige más hacia entes como Dios, la Humanidad o la Naturaleza y no tanto hacia personas concretas, exceptuando quizá el momento del orgasmo. En realidad, los tres componentes no son mutuamente excluyentes, sino que pueden coexistir en diversas combinaciones. En una pareja humana bien constituida están los tres presentes: el eros en la atracción sexual, el filos como compañerismo y mutua ayuda y el ágape en la devoción común a un fin más amplio que la propia pareja, a un proyecto de vida común que hace de la familia un agente insustituible del devenir social. El trabajo de esta crisis se centra en los dos primeros elementos, siendo el tercero cuestión para resolver en las crisis posteriores.

La intimidad se inicia con el reconocimiento de otra persona como ser independiente, continúa con el desarrollo de sentimientos mutuos de unión y se completa con el afianzamiento de la capacidad de mantener compromisos emocionales estables. En una ocasión, escuché decir a Castilla del Pino que uno de los dilemas básicos de la vida está entre la decisión de amar y ser amado o de odiar y ser odiado. Es en esta crisis cuando se plantea con mayor intensidad este dilema, aunque ya empezó a decidirse a muy temprana edad. Descubrir que uno puede ser amado es la tarea de la primera crisis, la que determina el desarrollo de la confianza básica ante la vida. Durante la creación de la intimidad con otra persona, que es la tarea de la sexta crisis, se añade el segundo factor de la ecuación: descubrir que uno puede amar. Como siempre ocurre en cada fase, los restos no resueltos de crisis anteriores vuelven con toda su virulencia. Por eso son muchos los jóvenes adultos que piensan que amar es cosa del otro, no una tarea personal y que agonizan por la necesidad de ser queridos, sin darse cuenta que de lo que se trata es de aprender a querer. Esto es un retorno a épocas anteriores del desarrollo, que plantea el difícil problema de los amantes-niño, que no pueden formar pareja porque el amor que buscan no es el que ahora se les ofrece. Afortunadamente, siempre existe la posibilidad de éxito en esta "segunda vuelta". Esta crisis ofrece la oportunidad de conformarse con la madre que hemos tenido, dejar de buscarle sustituto y abrirnos al amor maduro, que es siempre un amor entre iguales. La alternativa es la absorción en uno mismo, el rechazo y el abuso de la posible pareja o, lo peor, el intento de ejercer un control agresivo sobre ella, como el bebé que rompe cosas y pega a la gente que lo frustra.

Desde una perspectiva más amplia y desexualizada, la creación de la intimidad se aplica también a la formación de grupos de cooperación, tanto en el juego como en el trabajo. Es curioso el lazo que surge entre dos personas que se descubren mutuamente en el interés común por una misma actividad, o que comparten similares puntos de vista sobre una misma cuestión. La amistad más fecunda es la que está basada en esta coincidencia. La comunicación e intercambio de pareceres favorece el desarrollo personal de cada uno de los miembros del grupo así formado y previene el sentimiento de soledad que acaba por embargar al individuo que sólo se entiende consigo mismo. Una combinación interesante de ambas dinámicas de intimidad, la conyugal y la de la amistad, son los grupos de matrimonios, que se reúnen periódicamente de manera más o menos organizada. Como muy inteligentemente discute C. S. Lewis[55], estas amistades suelen dicotomizarse rápidamente en dos secciones bien definidas: la de las chicas y la de los chicos. La larga historia de especialización de intereses y puntos de vista según el género, que todavía está muy enraizada en nuestra

---

[55] C. S. Lewis, *The four loves*.

sociedad, dificulta las coincidencias de procesos mentales desexualizados entre hombres y mujeres. Por eso es frecuente que estas reuniones conjuntas se dividan en dos procesos de interacción simultáneos, uno en el que se agrupan las mujeres y otro en el que participan los hombres. También puede ocurrir que surjan líneas cruzadas de atracción transmatrimonial, un tema que Goethe ha tratado de manera magistral[56] y que es relativamente fácil de observar en la experiencia cotidiana. El interés por el marido de una amiga o por la esposa de un amigo es un tema frecuente, tanto en la literatura seria como en los escándalos sociales y debe hacernos pensar sobre lo difícil que todavía resulta la amistad, exenta de connotaciones sexuales, entre hombre y mujer. Esta cuestión, como tantas otras, está en álgida revisión en el contexto de la crisis histórica que vivimos, en la que todas las líneas de demarcación tradicionales tienden a difuminarse y a reconstituirse de manera todavía no bien clara. Junto con los matrimonios de homosexuales, la genuina amistad entre personas de distinto sexo es una señal creciente de los nuevos tiempos que vivimos.

6.2.7. La séptima crisis: compromiso en el desarrollo ajeno. Creatividad *vs.* esterilidad

En el lógico devenir de las cosas, la intimidad de la pareja se continúa con su ampliación en una familia. La generación de nuevos seres humanos es un punto crítico en el que el foco de desarrollo cambia de uno mismo hacia los demás. Es también la forma más natural y sencilla de hacerlo, por lo menos aparentemente. En realidad, las cosas son bastante más difíciles, porque en nuestra especie no basta con dar la vida física. Son necesarios largos años de abnegación, educación y ejemplo para poder decir que hemos contribuido a la creación de un ser humano. La pareja tiene que difuminar el interés mutuo para concentrarse en el desarrollo de sus hijos, lo cual puede crearles serios problemas si la intimidad entre ellos no está lo bastante bien configurada y necesita todavía una continua reafirmación. Muchos esposos, inicialmente felices, sufren durante esta fase, sobre todo si la atención a los hijos no está lo suficientemente bien distribuida como para que ambos se sientan partícipes de ella. Éste es el origen de algunas infidelidades, generalmente protagonizadas por el varón, que no puede

---

[56] J.W. Goethe, *Die Wahlverwandschaten*. Traducido por José María Valverde como *Las afinidades electivas* (Bruguera, Barcelona, 1986).

soportar verse excluido de los lazos privilegiados que unen a la madre con sus hijos y juega a recuperar el sentido de intimidad conyugal con otra mujer. Las nuevas tendencias a implicar más al hombre en la dinámica familiar, en el cuidado de los hijos y en la atención a la casa compartida son el mejor antídoto a estas rupturas de intimidad. Cuidar con apreciación, supervisar con ternura, custodiar con respeto, son algunas de las dinámicas que tienen que desarrollarse para superar la crisis de la edad media de la vida. La familia es el medio natural en el que esto tiene lugar, pero también puede serlo cualquier otra organización, desde una asociación profesional hasta una empresa sana[57]. Paradójicamente, la decidida incorporación de la mujer al mundo laboral y profesional ha introducido nuevos problemas, antes prácticamente desconocidos, con el desplazamiento de su capacidad de generatividad y creatividad desde el entorno familiar al social. El cambio de roles entre los sexos (géneros) es una solución interesante, pero sin duda, transitoria. Que el hombre se quede en casa y cuide de la familia mientras su esposa se desarrolla en el medio laboral sólo cambia los protagonistas, pero no la estructura tradicional. Que la mujer tenga que seguir cumpliendo su antiguo rol, junto con el nuevo, es una solución aún peor. Confiar el cuidado y desarrollo de los niños a estructuras extrafamiliares es probablemente la peor opción posible, al menos en el actual estado de funcionamiento de nuestra sociedad. Conciliar la vida profesional y laboral con la familiar es uno de los retos de la nueva cultura que, sin darnos cuenta, estamos creando y que todavía no sabemos cómo será.

6.2.8. La crisis de los cuarenta años

La llamada crisis de los cuarenta años, o de la edad media de la vida, aparece con toda su intensidad en medio del período que estamos considerando. El esfuerzo invertido en la construcción generativa de una familia y/o en la proyección social a través del trabajo es tan intenso que poca gente se para a pensar cómo le están saliendo las cosas, sobre todo al principio. Pero de manera natural, después

---

[57] En *El maltrato psicológico* (Altaria, 2010) discuto las características de la organización sana, en contraposición con la patológica. En el contexto que nos ocupa, las dinámicas de crecimiento personal, cooperación interna y creatividad social son facilitadas por la primera y claramente inhibidas o destruidas por la segunda.

de cierto tiempo, cuando ya algo ha sido conseguido, surge un momento espontáneo de reflexión. La vista se vuelve hacia atrás y uno reconsidera su satisfacción vital con todo lo que ha ido pasando. En mi observación, este punto de inflexión suele ocurrir en los matrimonios en ciclos de aproximadamente 12 años, siendo éste el siguiente momento de mayor riesgo de ruptura, después del primero, que tiene lugar al poco tiempo de casarse. El estado de la intimidad conyugal, que sufrió un cierto sacrificio al iniciarse el período de generatividad, es ahora reconsiderado de nuevo y la conclusión es, casi siempre, que está necesitada de revitalización. Uno de mis amigos, un genio del marketing, me lo explicaba hace poco en sus propios términos:

Es como el lanzamiento de un producto. Cuando ya ha alcanzado su punto de estabilidad, su interés en el mercado empieza a declinar y hay que replantearse si todavía puede lanzarse de nuevo, o si es menos costoso y más rentable sustituirlo por otro distinto. En resumen, o encuentro la forma de recuperar el funcionamiento de mi matrimonio, o tengo que casarme con otra.

Suena frío, pero es verdad que las dinámicas no son tan diferentes. Cuando la intimidad ha ido disminuyendo y la generatividad ha alcanzado un punto estable, si todavía quedan energías de vida, hay que reconstruir la relación, retomando los aspectos que se habían abandonado, o plantearse empezar de nuevo con otra persona. Con el actual aumento de la longevidad funcional, no es raro que tanta gente decida repetir con otra/o, para volver a encontrarse con el mismo dilema a los 10-12 años del segundo matrimonio. La lección es, como siempre, que el éxito en el trabajo de la vida consiste en lanzarse a dominar cada nueva crisis, pero sin perder los logros obtenidos en la anterior. Y también que, si estos logros no fueron lo bastante sólidos en su momento, la siguiente crisis puede plantear dificultades irresolubles. La tendencia a volver atrás, a intentar superar en una segunda vuelta lo que salió mal en la primera, es lo que en psicoanálisis se llama, con un cierto matiz crítico, "regresión" y también "compulsión de repetición". Para mí, es una de las más enternecedoras características de la naturaleza humana. La rebelión contra las fuerzas del destino y contra las consecuencias indeseadas de los propios actos es la esencia de la grandeza y de la tragedia del ser humano.

6.2.9. La octava crisis psicosocial: ser referente. Sabiduría *vs.* desesperación

Cuentan que, en cierta reunión de muy alta sociedad, alguien se interesó por la línea de nobleza de un señor mayor de muy digno aspecto. "Yo –dijo éste sin pestañear– soy un antepasado". Hay una edad en la que importa mucho de dónde venimos, otra en la que lo que importa es lo que somos y, a la edad de la octava crisis, empieza a importar que es lo que vamos a dejar. Sin darnos cuenta, hemos llegado a un estado en el que las ilusiones menguan, las energías flaquean y los proyectos se detienen. Es la tercera edad, la de la jubilación y el retiro, la del tiempo libre y, en nuestra cultura, la de la perturbadora sensación de que uno está de sobra. Es cierto que, lo mismo que hay moratorias psicosociales que prolongan la fase de búsqueda de la identidad, también las hay que prolongan la adultez efectiva. Algunos septuagenarios afortunados continúan con funciones de supervisión y promoción de sus seguidores, pero eso es una excepción. El foco de desarrollo se invierte de nuevo, deja de proyectarse hacia fuera y vuelve a centrarse en la propia vida, que ahora es más una recapitulación que un proyecto. La tarea está en encontrar la serenidad de una vida lograda, en acabar de dar sentido a todas las fases del ciclo vital, que ahora pueden entenderse en su cruce con el momento histórico en el que fueron vividas. Si esto se hace bien, aparece la proverbial sabiduría de los ancianos, que no es el acúmulo de conocimientos, sino la capacidad de ordenarlos según su importancia y significado. El impacto de este logro puede ser enorme. En mi familia todavía se habla de mi bisabuelo, un médico rural de los tiempos de la guerra de Cuba, reconocido por su ciencia y devoción a sus enfermos, que escribió para cada uno de sus hijos un librito con consejos y sentencias sobre el arte de vivir. Yo tengo un ejemplar y lo releo de vez en cuando. Aunque no dejó grandes bienes, consiguió, antes de morirse, convertirse en un antepasado. Algunas culturas, como los chinos, que son muy sabios, rinden un culto a los antepasados cuya mejor función es hacer a cada anciano consciente de que la vida va a seguir después de ellos.

En el mejor de los casos, la sabiduría que se deriva de la integración de todas las experiencias vitales se acompaña de una generosa ternura hacia el ser humano, inevitable cuando se lo contempla en su asombrosa mezcla de fragilidad y osadía. Los viejos y los niños que se quieren hacen excelentes compañeros, porque a cada uno le sobra lo que al otro más le falta. Aun cuando la integración sea buena, el final del tiempo sigue siendo una pena para muchos. "Lo único malo de la vida –me decía un nonagenario– es que, para cuando empiezas a comprender cómo funciona, se te acaba". Sólo la esperanza de trascendencia, en éste o en otro mundo, puede aliviar esta pena. Por eso es tan importante, en la resolución de esta última crisis, saber que lo que ha sido hecho sirve de algo para alguien, que lo que uno deja puede ser aprovechado en otra vida que continúa.

En el peor de los casos, el fracaso total en la tarea se traduce en la incomprensión y el rechazo de la propia vida, en el lamento por las oportunidades perdidas y en la angustia por el poco tiempo que queda, en toda lógica insuficiente para reparar los errores y las pérdidas del pasado. Es también frecuente que la amargura ante el final se mezcle con desdén y desprecio hacia los que van a quedar, los jóvenes, mucho peores e incapaces que los de las generaciones precedentes. Quejarse del presente y comentar lo bien que estaban antes las cosas en el pasado es un signo claro de vejez. El fenómeno no es nuevo. Baltasar de Castiglione[58] lo describía hace ya cinco siglos, haciendo notar que tampoco entonces era ninguna novedad:

> *Maravillado me he muchas veces considerando de dónde procede un error, el cual, por verse comúnmente en los viejos, podemos decir que les es propio y natural; y es que casi todos ellos alaban los tiempos pasados y reprehenden los presentes, vituperando nuestros hechos y costumbres y todo lo que ellos en su mocedad no hacían; y verdaderamente parece maravilla y una cosa muy fuera de razón que la edad ya madura, la cual con la larga experiencia suele hacer en las otras cosas perfectos los juicios de los hombres, en sola ésta los estrague y dañe tanto que no entiendan que, si el mundo empeorara siempre y fueran los hijos generalmente peores que los padres, mucho ha que hubiéramos llegado al cabo del mal y no tuviéramos adonde pasar más adelante (...) [R]einó siempre esta dolencia en los viejos, según se puede alcanzar por lo que los autores antiguos han escrito...*

En realidad, el descontento no viene de la añoranza de los hermosos tiempos del pasado, sino de la añoranza de uno mismo cuando estaba en edad de vivir esos tiempos. El desdén de los viejos es una forma de escapar a la percepción de su propio deterioro. Me viene a la

---

[58] Baltasar de Castiglione, *El libro del cortegiano* (1528). Traducido al español por Juan Buscán como *El cortesano* (Espasa-Calpe, 1984, pág. 140).

memoria un chiste, lleno de sabiduría, que me contó un anciano inci-
piente:

–Se ha fijado, Don Cosme, en esta manía de los jóvenes de hoy de
hacer las letras de los periódicos cada vez más pequeñas?
    –Sí que es verdad, pero en cambio les ha dado por hacer los pel-
daños de las escaleras cada vez más altos.
    –Si, ¿y qué me dice usted de esa nueva costumbre de hablar
bajito, que no hay quien les entienda?

Bromas aparte, la octava fase de la vida es la que nos enfrenta al
misterio sagrado de la existencia, lo mismo que la primera. El ciclo se
cierra, con la diferencia de que ahora sabemos de qué va. El dilema
de esta crisis está entre aceptar que todo estuvo bien y quedar como
ejemplo para los que vienen detrás, o en desesperar y renegar del destino humano. El entorno social en el que se realiza el trabajo de esta
crisis es la humanidad en su conjunto, representada en concreto por
nuestros allegados más jóvenes

En conclusión, vivir es una tarea activa y personal, en la que
establecemos relaciones privilegiadas con personas significativas,
desarrollamos nuestro potencial innato y superamos cambios críticos
específicos de cada edad. La resolución de cada crisis nos deja en
estado óptimo para resolver la siguiente, hasta que llegamos a un estado
idéntico al inicial. Por eso decimos que la vida es un ciclo, el ciclo vital.
Una vida bien vivida es aquella en la todas sus fases han sido razonablemente completadas, bien en su momento, bien no mucho más
tarde. La satisfacción de una vida bien vivida permite atravesar la
muerte con dignidad y serenidad, sabiendo que todo mereció la pena
y que dejamos algo valioso a los demás.

Capítulo siete

Las crisis internas

El desarrollo normal de la personalidad tiende hacia el equilibrio, aunque para ello tengan que imponerse cambios más o menos drásticos, al servicio de la adaptación a las circunstancias externas o a las exigencias de su programación natural. Sin embargo, en algunas personas aparecen alteraciones bruscas de la conducta y de la propia experiencia, sin evidente causa externa que lo justifique. Por esa razón, llamamos a estos arrebatos **crisis internas** y también **crisis estructurales**, porque se corresponden con intentos de reajuste entre dinámicas incompatibles, generadas en estructuras mentales que han escapado al principio de desarrollo armónico. En general, pueden entenderse como descargas de tensiones cerebrales excesivas, que no logran ser utilizadas en actividades constructivas ni neutralizadas por los mecanismos de reorganización cerebral. Pueden aparecer sin motivo, o con un motivo mínimo, que adquiere el carácter de "gota que colma el vaso". Un problema distinto es el de las personas que sufren de miedo a perder el control, a las que surgen ideas repentinas y absurdas, como ponerse en ridículo en público o cometer actos peligrosos, impúdicos o reprobables. En estos casos, el problema es casi siempre otro, más relacionado con el llamado trastorno obsesivo-compulsivo o neurosis obsesiva, una enfermedad bien conocida, mucho más frecuente de lo que parece, porque quien la sufre raramente se lo cuenta a nadie.

7.1. Los tres cerebros

Teniendo en cuenta la enorme cantidad de información que continuamente procesa nuestro cerebro es sorprendente que los desajustes internos no sean más frecuentes. La analogía habitual entre el cerebro y un ordenador se queda muy corta, entre otras cosas porque nuestro *hardware* cerebral está cambiando continuamente, respondiendo de manera plástica a la estimulación que continuamente recibe del entorno y de su propia actividad. Nuestra maquinaria cerebral, que se ha ido perfeccionando a lo largo de millones de años, ya es contradictoria en sí misma porque contiene estructuras creadas en distintos momentos filogenéticos para el mismo fin básico. A lo largo del desarrollo, estas estructuras tienen que encontrar la manera de compatibilizarse y cooperar, en lugar de obstaculizarse entre sí. Aun en circunstancias óptimas, aprender a utilizar el cerebro es una tarea ardua.

Al principio de la vida sobre la tierra, la primera versión de cerebro apareció en los reptiles. Está específicamente diseñado para mantener el cuerpo activo, regular sus funciones de supervivencia y luchar o huir cuando la situación lo requiera. Su programación, instintiva y limitada, deja poca capacidad para aprender y para variar la conducta en función de la experiencia. Aun así, los dinosaurios dominaron el mundo y sólo desaparecieron porque se les cayó el cielo encima. En el siguiente salto evolutivo, los mamíferos desarrollaron un segundo cerebro alrededor del primero, más sofisticado y modulable, capaz de aprender y, lo más interesante, de formar vínculos de afecto y de dependencia. La vida social y el empuje colectivo de, pongamos, las ratas depende de la actividad de este nuevo cerebro. Para cuando aparecimos los humanos ya estaba muy avanzado el tercer cerebro que, como es el último en aparecer, se dispone alrededor de los anteriores, formando lo que llamamos el neocortex o corteza cerebral. Además de ser muy bueno aprendiendo, el neocortex es capaz de razonar, extrapolar información, anticipar y formar representaciones mentales de cosas que no existen, o sea, de imaginar. Si tuviera que decir cuál es la más humana de las capacidades cerebrales, elegiría la de crear fantasías que pueden acabar haciéndose realidad. Como la Naturaleza no desperdicia nada que funcione, los humanos conservamos, junto a nuestra rutilante novedad, restos debidamente adaptados de los dos cerebros anteriores. Así que podemos decir que en el ser humano conviven un cocodrilo, una rata y algo así como un ángel. Como es lógico, dejados a su aire, cada uno tira por su lado y los conflictos internos pueden ser inmensos.

Supongamos que, al doblar una esquina, una anciana choca conmigo y me clava su bastón en la rodilla. Mi cocodrilo propone darle un empujón o, mejor, un mordisco. Mi rata se asusta y gime, aparte de sentirse maltratada. Mi ángel bendice a esta criatura del señor. ¿Quién ganará? "Señora, tenga cuidado –le digo con energía, al mismo tiempo que sonrío y añado–: no se preocupe, no ha pasado

nada, ¿está usted bien?". He actuado como un humano bien integrado.
Si en vez de una tierna anciana hubiera sido un sujeto mal encarado,
es probable que mi cocodrilo o mi rata hubieran tenido una mayor
participación en la respuesta.

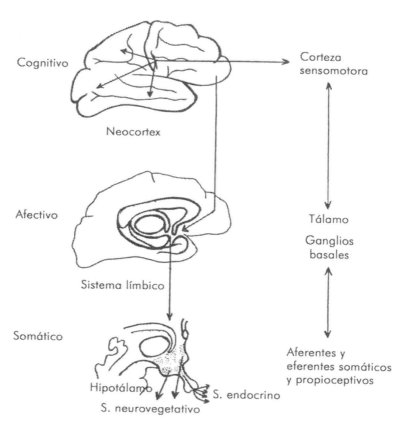

La información que nos llega del mundo exterior es transmitida
a la corteza cerebral, al sistema límbico y al hipotálamo. En la corteza frontal se realizan las funciones racionales, la planificación de
la acción y la anticipación de las consecuencias. En el sistema límbico se registra el significado emocional de la información y su
relación con las pautas instintivas de supervivencia y de afiliación.
En el hipotálamo se coordinan las respuestas vegetativas de activación o inhibición nerviosa y endocrina.

Existe en el sistema límbico una pequeña estructura llamada amígdala (no confundir con la que se inflama cuando tenemos anginas, que está en la garganta y no tiene nada que ver), que responde a las amenazas de manera drástica e inmediata, y que sólo gracias a una buena educación llega a quedar bajo un razonable control de la corteza cerebral (concretamente, de la parte delantera de la corteza, la llamada región orbito-frontal). Defectos de las interconexiones cerebrales, generalmente inducidos a lo largo del desarrollo por sobrecargas tensionales excesivas producidas por vivencias traumáticas, pueden ser responsables de una relativa liberación de la amígdala, que actúa por su cuenta mucho más de lo deseable. Otras causas de conectividad insuficiente son una educación excepcionalmente mala, en la que excesos de permisividad y de control se combinan de manera aleatoria, y el adormecimiento de la corteza cerebral por sustancias tales como el alcohol y otras drogas. El efecto final de cualquiera de estas interferencias es una relativa tendencia al descontrol, con la aparición periódica de crisis de agresividad o de miedo, sin ninguna razón especial o por provocaciones mínimas. Las estructuras cerebrales relacionadas con las emociones y la conducta pueden también desajustarse por causas que varían desde lesiones anatómicas hasta errores o contradicciones en el aprendizaje, pasando por desequilibrios de sustancias neurotransmisoras, tales como la serotonina, la noradrenalina y otras cuantas más.

Causas de crisis internas:
- Lesiones de la estructura cerebral.
- Desequilibrios bioquímicos de neurotransmisores.
- Contradicciones en el aprendizaje.
- Defectos o errores en la educación.

En resumen, las crisis internas son expresión de tensiones psicológicas o neuronales, largamente contenidas, que acaban haciendo explosión cuando alcanzan una presión insoportable. Casi siempre necesitan tratamiento médico específico para regular la hiperexcitabilidad cerebral. Actualmente existe una clase de fármacos estabilizadores, distintos de los clásicos ansiolíticos, que suelen ser bien tolerados y que mejoran la modulación de las personalidades propensas a las crisis. Desde el punto de vista psicológico, el mejor tratamiento es el preventivo, que incluye:
- Aprender desde niño a controlar las rabietas.
- Detectar en uno mismo las fuentes de tensión antes de que vayan a más.

- Aprender métodos para disipar la tensión interna, como el ejercicio físico no violento, las técnicas de meditación y la contemplación del arte y la naturaleza.
- Mantener relaciones de apoyo con personas de confianza.
- Psicoterapia de regulación emocional y control cognitivo.

7.2. Tipos de crisis internas

Las **crisis epilépticas** son un ejemplo claro de lo que pasa cuando una zona cerebral toma una actividad excesiva por su cuenta. Unas pocas neuronas empiezan a vibrar al mismo ritmo, reclutando progresivamente a las circundantes, hasta llegar a dominar toda la actividad cerebral. A partir de un pequeño foco, la sincronización de un número creciente de neuronas produce un aumento masivo de tensión, que acaba descargándose en el ataque epiléptico. Las epilepsias generalizadas son las más conocidas y llamativas, con sus grandes convulsiones, pero hay otras menos aparentes, en las que el reclutamiento coordinado es más limitado. El *petit mal* (pequeño mal, para diferenciarlo del *grand mal* o epilepsia generalizada) se manifiesta sólo por ausencias, breves momentos de atontamiento o desconexión. Las crisis temporales, que se llaman así porque tienen su origen en el lóbulo cerebral del mismo nombre, producen bruscas alteraciones de la conducta, sin gran componente motor, en ocasiones tan complejas que parecen voluntarias. La actividad eléctrica cerebral puede registrarse mediante el electroencefalograma (EEG), que es la técnica actualmente preferida para el diagnóstico de la epilepsia.

Las **crisis pseudoepilépticas o crisis convulsivas no epilépticas**, menos frecuentes hoy en día que hace un siglo, son ataques en los que el paciente cae al suelo con convulsiones y aparente pérdida de conocimiento, pero cuyo origen no es una lesión o hiperorganización cerebral masiva, sino la tensión producida por un conflicto psíquico intolerable. Llamadas antiguamente crisis histéricas, fueron objeto del primer trabajo científico importante de Freud, que describió muy bien cómo diferenciarlas de las genuinas. Con el tiempo se han ido descubriendo otras diferencias, que exponemos en la tabla 10.

Hay casos en los que no es tan fácil establecer la diferencia. En un raro tipo de epilepsia, llamado epilepsia refleja, las crisis se desencadenan por un estímulo externo, que puede ser luces pulsátiles, brillos de frecuencia regular, e incluso pantallas de televisión o monitores de

Tabla 10
Diferencias entre crisis epilépticas y pseudoepilépticas

	Epilepsia	Pseudoepilepsia
1. Comienzo	Repentino	Gradual
2. Preaviso	Ninguno o estereotipado	Variable hiperventilación
3. Manifestaciones	Siempre idénticas	Variables
4. Convulsiones	Tónico-clónicas características	Rigidez con movimientos bruscos incoordinados
5. Gritos	No o muy breve al principio	Durante la crisis
6. Llanto	Nunca	A veces
7. Hablar	Nunca	A veces. Murmullos frecuentes
8. Lesionarse al caer	Frecuente	Muy raro
9. Mordiscos	Frecuentes, en la lengua	Nunca en la lengua. A veces labios, manos y gente alrededor
10. Orinarse	Frecuente	Muy raro
11. Duración	Minutos	Pueden ser largas
12. Terminación	Brusca	Progresiva
13. Causa aparente	Ninguna	Estrés emocional
14. Lugar	En cualquier sitio	En casa
15. Gente presente	Puede estar solo	Personas significativas
16. Hora del día	Cualquiera, a veces dormido	Raramente nocturnas
17. Estado posterior	Agotado, decaído	Relajado, incluso contento
18. EEG	Anormal	Sin anomalías

ordenador. En ocasiones, situaciones de tensión emocional pueden precipitar una crisis auténtica, sobre todo en epilepsias con foco en el lóbulo temporal. Para establecer con seguridad el diagnóstico de este fenómeno se recurre a la "activación emocional del electroencefalograma", que consiste en inducir un estado de tensión, por ejemplo, haciendo recordar al paciente una situación traumática de su vida mientras se le está registrando su actividad cerebral. En los casos de pseudocrisis no se detectan modificaciones, mientras que en las epilepsias emocionales reflejas se producen alteraciones epilépticas típicas en el EEG. Para complicar más las cosas, hay pacientes con epilepsias auténticas que presentan, además, crisis pseudoepiléticas de origen psíquico.

En cualquier caso, una persona que presenta crisis de este tipo tiene que ser examinada cuidadosamente por un médico, porque también hay pérdidas bruscas de conocimiento de causa circulatoria cardiovascular, como el llamado **síncope vaso-vagal**.

La **narcolepsia** es un raro trastorno del sueño, que consiste en quedarse dormido de repente, a veces en medio de una actividad física intensa, con lo cual el sujeto cae al suelo y queda inmóvil, en ocasiones hasta roncando. La somnolencia periódica difiere de la narcolepsia en la que los episodios son más largos, pudiendo durar días y hasta semanas, y se intercalan entre largos períodos, a veces de años, de conducta totalmente normal. Es típica del síndrome de Klein-Levine, que comentaremos más adelante en relación con la hiperfagia.

Los **ataques de nervios** son crisis de agitación, con intensa angustia, llanto, gritos, pérdida de control y ocasional agresividad destructiva dirigida contra objetos, contra uno mismo o contra los demás. Son más frecuentes en poblaciones de origen latino que anglosajón y suelen ocurrir en situaciones de gran conflicto, amenaza o pérdida. En algunas regiones mediterráneas son bien conocidas y aceptables en algunas situaciones, por ejemplo, en los duelos, en las infidelidades o rupturas de relación o ante grandes desgracias. Se entienden como una pérdida brusca del control emocional ante problemas para los que no se encuentra solución y que afectan gravemente la autoestima de la persona que los sufre, que suele sentir gran alivio cuando acaba la crisis, sobre todo si su entorno actúa con comprensión y sin asustarse. En Corea se ha descrito un fenómeno similar, denominado *Hwa-byung* (pronunciado *baabuung*), que suele presentarse después de un largo período de rabia contenida, por ejemplo en mujeres cuyo marido está siendo infiel. Los ataques de nervios se acompañan además de síntomas somáticos, como mareos, presión en la cabeza, palpitaciones, ahogos y sensación de tener un nudo en la garganta o en la boca del estómago.

Las **crisis de angustia**, que muchos psiquiatras llaman ahora "de pánico" por la influencia norteamericana, son episodios repentinos de intenso terror, acompañados con frecuencia por sensación de muerte inminente o de estar perdiendo la razón. A diferencia de la ansiedad, que es una sensación aprensiva de que algo terrible va a pasar en el futuro próximo, la angustia es la vivencia intensa de que algo terrible está pasando en el mismo momento presente, y por eso se acompaña adecuadamente de todas las manifestaciones típicas de los miedos intensos. Con cierta frecuencia se acompaña también de sensaciones de despersonalización y desrealización, es decir, de una sensación de extrañeza y desconexión de sí mismo y del entorno. La mayoría de los síntomas somáticos acompañantes son secundarios a la hiperventilación y al aumento de adrenalina. Los más frecuentes son los siguientes:

Síntomas físicos de la crisis de angustia:
1. Palpitaciones.
2. Opresión o malestar en el pecho.
3. Sudoración.
4. Temblores.
5. Ahogos.
6. Parestesias (adormecimientos u hormigueos, generalmente en las extremidades).
7. Dificultad para tragar.
8. Náuseas o molestias abdominales.
9. Inestabilidad, mareos o sensación de desmayo.

Un ataque de pánico suele durar menos de dos minutos, aunque puede llegar hasta los diez y, en raras ocasiones, hasta una hora. Muchas personas presentan sólo un ataque en la vida, que no se repite, o lo hace de forma esporádica. La edad de comienzo más habitual está entre los 15 y los 20 años, aunque puede presentarse a cualquier edad. El trastorno de pánico, que se diagnostica cuando las crisis se repiten con relativa frecuencia y continuidad, afecta al 3% de la población y es más frecuente en mujeres que en hombres.

La primera crisis suele acabar en un servicio de urgencias, porque es fácil que el paciente esté convencido de que tiene un ataque al corazón. Desgraciadamente, el diagnóstico diferencial a veces no es fácil y debe hacerse siempre un examen médico completo para descartar otras causas. El hipertiroidismo, una enfermedad endocrina en la que el tiroides funciona en exceso, puede dar síntomas parecidos, aunque se acompaña también de inquietud, irritabilidad, insomnio y las crisis son de mayor duración y con menos ansiedad.

La experiencia de una crisis de angustia es tan terrible que, en algunos casos, se complica con un estado de ansiedad generalizada, debido al temor constante de que pueda presentarse una nueva crisis.

Angustia ⟶ Miedo a que se repita ⟶ Ansiedad crónica

También puede formarse un círculo vicioso cuando los síntomas físicos son interpretados como una señal de peligro y el paciente, lógicamente, se asusta y se mantiene excesivamente alerta, alargando así la crisis y facilitando su repetición.

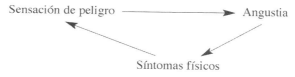

El **susto o mal de espanto** es una forma especial de crisis de angustia, frecuente en Latinoamérica, en la que, probablemente por influencias culturales, el paciente tiene la impresión de que el alma, o parte de ella, ha salido de su cuerpo. Las crisis de susto suelen seguirse de un estado, a veces muy duradero, de desasosiego y abatimiento, con frecuencia con sensaciones físicas extrañas, tales como tener un endurecimiento o un nudo en el ombligo o en la boca del estómago. Cuando éste es el caso, el masaje abdominal por un curandero experto suele aliviar rápidamente la situación.

Crisis maníacas. Se caracterizan por un estado de agitación, generalmente con euforia e ideas de grandeza, gran aceleración del pensamiento, tendencia a cometer imprudencias y a correr riesgos innecesarios, dificultad en mantener la atención fija durante mucho tiempo, irritabilidad, nula tolerancia a la frustración e insomnio. Algunas personas muy bien dotadas intelectualmente consiguen que las alocadas empresas que tienden a iniciar en una de estas crisis tengan éxito, pero lo habitual es que la gran hiperactividad que las caracteriza sea totalmente improductiva. El maníaco tiende a hablar alto y mucho, a gran velocidad, pero generalmente sin perder la coherencia. Es frecuente que haga grandes gastos innecesarios, hasta el punto de incurrir en graves deudas o que se comporte de manera sexualmente atrevida y promiscua. El insomnio característico de la crisis maníaca es distinto del que se observa en estados de estrés, ansiedad o depresión. No es que el maníaco no pueda dormir, de lo cual nunca se queja, sino que no siente ninguna necesidad de ello, pudiendo estar noches enteras despierto sin sentir cansancio ni somnolencia. Estas crisis son generalmente *sintónicas*, es decir, el que las sufre está muy contento con ellas, mientras que lo habitual en cualquier otro tipo de crisis es que sean *distónicas*, desagradables y rechazadas. En los casos más graves, después de unos días de exceso de actividad y falta de descanso, el agotamiento progresivo acaba por afectar el funcionamiento general, apareciendo síntomas psicóticos, con ideas delirantes, alucinaciones y tendencias agresivas que acaban con el paciente en la comisaría o en el hospital. En los casos más leves puede mantenerse este estado durante meses, hasta que cesa de manera más o menos abrupta, generalmente para seguirse de una fase depresiva, con abatimiento, apatía, desinterés y tristeza. Casi siempre es un aspecto del **trastorno bipolar**, o enfermedad maníaco-depresiva, así llamado porque el paciente alterna fases maníacas y depresivas a lo largo del tiempo.

Síndrome de descontrol episódico. Algunas personas aparentemente normales sufren de vez en cuando alteraciones de la conducta durante las cuales se comportan de manera totalmente distinta a como son habitualmente. La alteración más frecuente son arrebatos de rabia, con irritabilidad extrema y tendencia a saltar ante la menor provocación. También pueden consumir alcohol en grandes cantidades, probablemente a manera de automedicación por su efecto sedante, abandonar su residencia y trabajo habitual y cometer actos peligrosos o ilegales, sin ninguna premeditación, prudencia ni esfuerzo por ocultarlos. Lo mismo que el trastorno bipolar, el síndrome de descontrol episódico ha sido atribuido a un fenómeno de hipersensibilidad de las neuronas del sistema límbico, que se produce por un mecanismo de activación o encendido progresivo conocido como *kindling*[59]. Pequeñas irritaciones que no llegan a producir una respuesta por sí mismas se van acumulando hasta que, finalmente, acaban por precipitar una hiperactividad masiva en el sistema límbico que se expresa a través de la crisis.

---

[59] *Kindling*, en inglés, es el nombre que se da a las astillas o pedazos de papel que se utilizan para encender una hoguera y también al acto de prender fuego a un tronco grueso arrimando a él astillas o trozos de papel ardiendo.

Síndrome de hiperingestión. Consiste en crisis de consumo masivo de alguna sustancia, alimento o líquido, que aparecen de forma repentina, precedidas o no por experiencias estresantes o conflictos psicológicos. En realidad, estas crisis tienen un origen muy variado y es raro que se presenten sin otras patologías asociadas.

- El síndrome de Klein-Levine es un trastorno neurológico relativamente raro que empieza a manifestarse en la adolescencia con episodios de somnolencia incoercible que pueden durar varios días, acompañados de hiperfagia (comer mucho) cuando están despiertos y, en ocasiones, una sexualidad excesiva.

- En algunos pacientes con trastorno *borderline* de la personalidad pueden producirse episodios de descontrol, generalmente después de alguna frustración o enfrentamiento, en los que ingieren de manera indiscriminada, con aparente intención suicida, todos los comprimidos que pueden encontrar, desde antidepresivos hasta aspirinas, pasando por otros sin efectos tóxicos como antibióticos y pastillas para la tos. Se puede acompañar de autoagresiones repetitivas y no letales como cortes múltiples a lo largo de los brazos o del cuerpo.

- La polidipsia o potomanía, más frecuente en esquizofrénicos que en otras patologías, consiste en beber mucha agua, a veces tanta que se produce una "intoxicación por agua", con disminución proporcional de los electrolitos en la sangre, principalmente sodio, y aparición de convulsiones y pérdida de conocimiento. Un paciente mío llegó a beber agua directamente de la ducha, acabando por producirse un síndrome de secreción inapropiada de hormona antidiurética, en el que la normal capacidad de eliminar el agua sobrante queda inhibida por excesiva sobrecarga.

- Asociadas o no con el consumo habitual, algunos alcohólicos presentan pautas de ataques insaciables, que sólo terminan cuando pierden el conocimiento.

Crisis bulímicas. Son una forma especial de hiperfagia, en la que el individuo ingiere de manera periódica enormes cantidades de comida, con sensación de pérdida de control y sin poder detenerse mientras dura la crisis. Suelen estar asociadas con sentimientos depresivos, con la sensación de vacío en la vida o de falta de cariño y, típicamente, se siguen de tristeza y arrepentimiento cuando la crisis termina. Es muy frecuente que se intente entonces compensar el atracón induciéndose el vómito y que se emprendan medidas drásticas para perder peso, como tomar laxantes o diuréticos, forzarse a seguir dietas muy estrictas o hacer mucho ejercicio. La oscilación entre comer mucho de manera incontrolada y restringir totalmente la alimentación puede acabar en el trastorno conocido como **anorexia nerviosa**, pero ambos trastornos pueden ser independientes. La preocupación de nuestra cultura por el peso corporal y la figura añade sufrimiento a los pacientes con bulimia, probablemente creando un círculo vicioso en el que la excesiva preocupación por la comida produce cada vez más crisis.

Crisis catatímicas. De manera general, en psiquiatría llamamos "catatimia" a un error de juicio que deriva de la tendencia a tomar decisiones o concebir ideas basadas en los sentimientos, con el convencimiento de que se está haciendo de manera racional. Es una forma de distorsión afectiva del pensamiento, que se atribuye a conflictos internos con fuerte carga emocional o a tendencias ambivalentes de difícil solución. Desde hace algún tiempo se reserva el nombre de crisis catatímica a un tipo de conducta violenta irracional descrita por Wertham:

> De manera paulatina, se forma en la mente de una persona la idea de que debe realizar un acto violento, contra sí mismo o contra otra persona, que acaba cristalizando en un plan bien definido, acompañado de una tremenda necesidad de llevarlo a cabo. El desarrollo total de la crisis catatímica sigue cinco fases:
> - Una experiencia traumática produce un estado interno irresoluble con gran tensión emocional. La persona considera la situación externa totalmente responsable de su tensión y su pensamiento se vuelve cada vez más egocéntrico.
> - Después de darle más o menos vueltas, concluye que la única solución es un acto violento contra otra persona o contra sí mismo y empieza a formar un plan para llevarlo a cabo.
> - Una vez que el plan cristaliza en su mente y después de un período de dudas y resistencia interna, acaba por realizar el acto violento, o por lo menos lo intenta.
> - Inmediatamente después del acto, desaparece por completo el estado de tensión precedente.
> - Sigue un período más o menos largo, que puede ser de varios meses, de relativa normalidad. Al irse recuperando el equilibrio interno, el sujeto acaba por darse cuenta de que la situación externa que inició todo el proceso no era suficiente para justificar el acto violento.

Ciertos crímenes violentos, a veces espectaculares, tienen su origen en crisis de este tipo. La situación desencadenante suele ser una experiencia de marginación o maltrato laboral o social, o un rechazo sentimental o una serie de desprecios, a veces mínimos, que se han ido acumulando hasta convertirse en una vivencia insoportable.

El **Amok** es un síndrome cultural parecido a la catatimia, descrito inicialmente en Malasia, pero que puede encontrarse en otras partes del mundo. La crisis suele venir precedida por un período en el que el individuo parece ensimismado, retraído y preocupado. De repente y sin previo aviso, la situación cambia. Poseído de una gran agitación, el enfermo ataca violentamente a todas las personas que encuentra a su paso, sin discriminación ni plan aparente. La imagen clásica es la de un nativo malayo, corriendo en línea recta con un *kriss* ensangrentado en su mano, hasta que es abatido por la policía colonial. Los ingleses quedaron tan impresionados por el fenómeno que acuñaron en su lenguaje el término coloquial *running amok*, para referirse a una persona que, de manera brusca y violenta, pierde el control de sus nervios e insulta o agrede a los demás. Es posible que la excesiva conformidad que impone nuestra cultura esté haciendo cada vez más frecuentes en occidente crisis tipo *amok*, en las que un individuo habitualmente tímido e inhibido reacciona de manera explosiva, cometiendo actos violentos totalmente fuera de carácter.

Capítulo ocho

Cómo se superan las crisis

Superar las crisis no es un acto aislado. Es una capacidad que hay que desarrollar a lo largo de toda la vida, una actitud que debe ser adquirida, que requiere una cierta mentalización y un sosegado esfuerzo. El genio es una larga práctica, el fracaso un entrenamiento insuficiente. Son muchas las cosas que nos parecen imposibles y que llegan a ser fáciles si nos aplicamos a ellas con dedicación, perseverancia y el método apropiado. Feldenkreis[60] ha calculado que el individuo medio normal sólo llega a desarrollar el cinco por ciento de sus capacidades en todo lo que sabe hacer. Cuando aprendemos algo nuevo, sólo nos esforzamos hasta que logramos nuestros objetivos inmediatos y, a partir de ahí, nos desinteresamos de ulteriores progresos. Esto también quiere decir, visto de otra forma, que basta con un cinco por ciento de nuestra capacidad para ir tirando en circunstancias ordinarias. Esta "ley del mínimo esfuerzo" hace que nos sintamos satisfechos con los límites que nosotros mismos nos imponemos, creando así un circulo vicioso que va atrofiando nuestras facultades. Los cómicos Cruz y Raya formulan muy bien este principio, con su gracejo habitual:

Si hay que ir se va, pero ir por ir es tontería.

Las oposiciones y las dificultades nos fuerzan a superar las limitaciones autoimpuestas, obligándonos a desarrollar nuestra capacidad más allá del nivel de conformidad. Las crisis nos ofrecen la oportunidad de mejorar, no sólo nuestras circunstancias externas, sino también nuestro carácter y nuestras habilidades. Siempre, claro está, que no sobrepasen nuestro dintel máximo de estrés, a partir del cual la capacidad de progreso personal se deteriora en lugar de mejorar. Por eso

---

[60] Moshe Feldenkreis, *Autoconciencia por el movimiento*, Paidós, Barcelona, 1991.

es mejor entrenarse, prepararse para la crisis que viene, no conformarse con desarrollos incompletos, sino perseguir la satisfacción de la autorrealización. El afán de superación es muy positivo, siempre que no sea exagerado y, sobre todo, que no degenere en competitividad. Lo importante no es ser mejor que los demás, sino ser mejor que uno mismo hace un rato.

Empieza a prepararte abriendo tus recuerdos y volviendo a un momento en tu vida en el que todo transcurre con absoluta normalidad, sin cambios, sin sobresaltos, sin preocupaciones. Tus necesidades están cubiertas y, si algo te falta, lo puedes conseguir fácilmente. Te sientes seguro y querido, tu entorno es tranquilo y amistoso. Todos parecen estar contentos contigo, como tú lo estás con ellos. No sientes ninguna inquietud, no puedes imaginar ninguna alteración futura que te importe. Quizá te parezca que fuiste feliz entonces, pero eso es sólo porque duró poco tiempo. Imagínate que la situación se prolonga, que toda tu vida es así, que todo tu pasado y todo tu futuro es igual de plácido, previsible y... aburrido. Se parece a la paz de los cementerios, porque la vida es, por su propia naturaleza, creativa, imprevisible, incierta y conflictiva.

También es verdad que no podríamos vivir si no supiéramos que, en algún tiempo, en algún lugar, de alguna manera, ese momento existe. Necesitamos refugiarnos en él cada vez que nos vemos perdidos, vencidos, hundidos, desesperados. Pero, y esta es una interesante contradicción humana, no nos gusta que la paz sea permanente. No hace falta que los acontecimientos externos nos desestabilicen, nos bastamos nosotros mismos para ello. Nuestras propias dinámicas vitales nos llevan a la trasgresión de lo que nos ha sido dado, a la transformación, a la creatividad y al cambio. Adán, Eva y la manzana siguen siendo una metáfora válida de la condición humana.

Si hemos de vivir con crisis, más vale que las aceptemos como un elemento más de nuestra existencia y que aprendamos a estar a gusto con ellas. Aunque uno puede tomárselas como vienen y arreglárselas lo mejor posible, también podemos buscar técnicas y procedimientos que nos ayuden a anticipar, adaptarnos y sacar provecho de las crisis. Mi propia experiencia personal, ayudada por el estudio de las ideas y las experiencias de otras personas, me ha permitido elaborar un método que está siendo de utilidad a mucha gente y que ya he empezado a enseñar a otros profesionales[61]. La primera exposición

---

[61] Una versión del método para profesionales está en: L. de Rivera, *Síndromes de estrés* (Síntesis, Madrid, 2010).

escrita está en el capítulo 9 de mi libro *El maltrato psicológico* (cuarta edición: Altaria, 2011), al que el editor ha añadido el orientador subtítulo de *Cómo defenderse del bullying, el mobbing y otras formas de acoso*. La mayoría de las técnicas que utilizo son bien conocidas, pero lo importante es la manera en que se articulan y organizan, adaptadas a las necesidades individuales y siguiendo una secuencia progresiva. El concepto de secuencia es importante en mi método, en el que cada fase prepara para la siguiente y consolida lo logrado en la anterior. Algunas técnicas son totalmente imposibles de aprender, sin antes haber logrado cierta maestría en las del estadio anterior. El trabajo que hay que realizar en cada fase está pensado para que desemboque, de manera lógica y natural, en el de la fase siguiente, que es fácil de acometer desde esta nueva perspectiva. Naturalmente, no basta con hacerlo una vez, sino que, siguiendo el principio de Feldenkreis, es preciso recorrer todas las secuencias varias veces, hasta que el procedimiento se convierta en nuestra manera natural de vivir las crisis.

Primera fase: centrarse. Reconozco que no tengo ningún merito personal en el descubrimiento de esta fase. Fue un puro azar el que me situó, en un momento dado de mi vida, en una coincidencia de circunstancias en la que, de manera espontánea, me di cuenta de que yo era el centro de mi universo. No se me entienda mal, no se trata de creerse el obligo del mundo, sino de aceptar que el punto central de la propia vida no es nadie más que uno mismo. Explicaré brevemente estas dos posturas porque, aunque suenan parecidas, son exactamente contrarias. Cuando nos creemos con derecho a que los demás nos atiendan, nos comprendan, nos eviten problemas, se comporten de manera que la vida sea lógica, justa y agradable, entonces es cuando nos creemos el ombligo del mundo. Cuando somos conscientes de que la gente y la naturaleza funcionan en relación a normas y leyes que nos son con frecuencia ajenas y desconocidas, que la inseguridad y la aleatoriedad son la esencia básica de la vida, entonces estamos a un paso de centrarnos. También estamos a un paso de la desesperación, por eso este punto es tan importante y, por otra parte, tan difícil de acometer de manera consciente y deliberada. En medio de la confusión más absoluta, cuando todo falla, cuando nos vemos solos y perdidos, justo donde la desesperación empieza, entonces es cuando podemos descubrir, de repente y de improviso, el brillo esplendoroso de la existencia. Por lo menos, así es como me pasó a mí, y he hablado con mucha gente que ha tenido la misma experiencia. Los místicos se han especializado en describir este momento, que llaman "la noche oscura del alma" y que precede al descubrimiento glorioso de la Sabiduría Eterna, o lo que es lo mismo, de la divinidad que habita en el fondo de cada uno de nosotros. Aunque es interesante saber que ocurre, creo que no es necesario pasar la experiencia de golpe para llegar a tomar posesión de sí mismo. La mayoría de las personas lo han ido haciendo poco a poco, casi sin darse cuenta y basta un poco de reflexión y conocimiento para afianzarse en la toma de responsabilidad por la propia vida. Las tres preguntas básicas de la angustia adolescente –quién soy, de dónde vengo y a dónde voy– no son realmente tan importantes, en comparación con la pregunta realmente clave, válida para todo momento y circunstancia, que es *¿qué hago yo ahora?*

No es "qué me va a pasar", ni "qué va a ser de mí", ni "qué me van a hacer", aunque esas también puede ser interesante planteárselas. Sea cual sea la respuesta, la importancia de la pregunta está en el propio acto, en la convicción, seria y responsable, de que nuestra vida es nuestra tarea. La esencia de nuestra humanidad está en la capacidad de hacer esa pregunta, sabiendo que tiene respuesta. Sea cual sea nuestra condición y situación, sea cual sea el problema con el que nos enfrentamos, decidir que tenemos que hacer algo, que el núcleo central de la solución está en nosotros mismos, es el primer paso para llegar a una solución. Por eso llamo a esta fase "tomar posesión de sí mismo", que significa aceptar nuestra vida como propia, reconocernos responsables[62], agentes activos de lo que nos ocurre. También podemos llamarlo "centrarse", porque todas las fuerzas se recogen en uno mismo, en lugar de desperdigarse clamando en los desiertos. Ya sé que a veces la situación es tan difícil que uno se siente en un estado de impotencia *casi* absoluta. El énfasis está en la palabra "casi". Siempre hay una salida, aunque no podamos ni siquiera imaginarla. Por muy ínfimo que sintamos nuestro poder, hemos de concentrarnos en él, que es lo único que tenemos, en lugar de perdernos en la inmensidad de todo lo que no tenemos. Incidentalmente, decidir rendirse y entregarse a las fuerzas infinitas del universo puede ser una buena manera de hacer uso de ese, nuestro mínimo poder. Eso se llama rezar.

---

[62] Responsable, no culpable. El matiz es muy importante, porque "responsable" significa "el que responde", el que tiene a su cargo la situación, el que toma las decisiones y se ocupa de poseer los medios eficaces para llevarlas a cabo. No importa cuántas veces nos salga algo mal, si somos realmente responsables no perderemos tiempo ni energía en sentirnos culpables, porque lo necesitamos para hacerlo bien.

Segunda fase: mantener la calma. Una vez centrados, hay que mantener la calma. Cuando estamos acelerados, irritados, angustiados o estresados, es fácil darse cuenta, si uno se fija en ello, que nos conviene más estar tranquilos y serenos. Si hemos dado bien el paso anterior, si hemos aprendido a tomar cartas en nuestros propios asuntos, comprenderemos enseguida que centrarse empieza por saber mantener la calma. Quien no ha dado todavía el primer paso, o lo tiene medio olvidado, suele dejarse arrastrar por sus emociones alteradas y echar la culpa y la responsabilidad de sus nervios a otros.

> *"Cómo quiere usted que yo me sienta, doctor, con lo que me han hecho", me preguntó María José el día que la conocí, y entonces me di cuenta de lo importante que es diferenciar la responsabilidad de la culpa. "Yo quiero que te sientas bien, contenta y feliz", le respondí. "Esa gente **es culpable** de lo que te han hecho, pero tú **eres responsable** de cómo te sientes".*

Creo que es una crueldad pedir a alguien que mantenga la calma, si antes no le enseñamos como hacerlo. Casi nadie descubre cómo mantener la calma por sí mismo. Lo más lejos que llegamos es a contenernos, a aguantar el miedo o la rabia, a disimular, dejando que la procesión nos corroa por dentro. La calma, como el estrés, es una reacción automática e involuntaria. Nadie puede estresarse ni calmarse aposta, como nadie puede dormirse ni tener hambre a voluntad. Necesitamos una técnica para llevar a nuestro cerebro hasta las condiciones precisas que producen el estado de calma. Cierto es que algunas personas son capaces de hacerlo de manera instintiva y natural. Siempre me han admirado los relatos sobre gente como Churchill o Napoleón que, al parecer, eran capaces de echarse una siesta en medio de las situaciones más críticas o durante la peor de las batallas. Pero la mayoría de nosotros tenemos el don contrario, el de agitarnos e inquietarnos hasta un punto tal que cualquier tontería nos quita el sueño.

El estrés es una respuesta inevitable ante la percepción de un peligro. En su justa medida, aviva la inteligencia y aumenta las fuerzas. La naturaleza nos ha dotado de mecanismos automáticos que disparan la "reacción de lucha o huida", así llamada porque, en efecto, todo nuestro organismo se energiza para hacer una de las dos cosas. El corazón bombea sangre a tope, la presión arterial sube, los músculos se tensan, las hormonas de estrés, adrenalina y cortisol se disparan, las funciones mentales se ponen al servicio de la capacidad de alerta y emociones como el miedo, la ira, la ansiedad y el odio sumergen a todas las demás. Es seguro que esta reacción ha sido de gran servicio a nuestra especie, sobre todo en los tiempos prehistóricos, en los que todo se resolvía a base de fuerza física. Pero hoy en día su utilidad es limitada. La mayoría de los peligros con los que nos encontramos son "simbólicos": un examen, una ruptura amorosa, un empleo difícil o exigente, el paro o los pagos de la hipoteca, todos ellos representan riesgos para nuestra autoestima, para nuestros vínculos, para nuestra seguridad material, pero no para nuestra integridad corporal. Nuestro cerebro sigue reaccionando con los mismos automatismos de hace cien mil años, una muestra de que la evolución biológica es mucho más lenta que la cultural. Los mecanismos biológicos de calma no suelen ponerse en marcha por sí solos, pero están disponibles para quien sepa utilizarlos. Su estimulación produce la respuesta de relajación, que es un estado de calma, de recuperación de energías y de apertura mental, antídoto perfecto del estrés y de las emociones negativas.

La técnica es sencilla y muchas personas la han descubierto por casualidad. Parece difícil al principio, pero pronto se le va cogiendo el truco, hasta que acaba por convertirse en una segunda naturaleza. Su principio científico básico está en la relación entre cómo utilizamos nuestra atención y el estado psicofisiológico que se produce en consecuencia. Cuando nos concentramos en algo con deseo de evitar o conseguir un resultado, estamos estimulando los mecanismos de estrés. Inversamente, la concentración sin deseo ni expectativa, aceptando de antemano cualquier cosa que pueda pasar, estimula los mecanismos de la calma. Descubierta hace miles de años, esta técnica se llama meditación y ha sido practicada por todos los sabios y santos del mundo. Bastan unos minutos para que se produzca la conmutación mental y, en medio de la agitación, aparezca la calma. Naturalmente, poder hacer esto en situaciones de tensión requiere un cierto entrenamiento y es mejor empezar a practicar la técnica en la intimidad tranquila y sosegada. El efecto es tan sorprendente que se han creado religiones y filosofías enteras para explicarlo. En realidad, es un puro reflejo psicofisiológico, que cualquier cerebro normal está perfectamente equipado para producir. En el capítulo 16 de *Síndromes de estrés* doy una pauta sencilla para iniciarse en la técnica, que describo con mayor detalle en *Psicoterapia autógena*[63].

---

[63] Utilizado como libro de texto en los cursos de formación del Instituto de Psicoterapia e Investigación Psicosomática, *Psicoterapia autógena* puede consultarse por internet en la página www.psicoter.es.

Tercera fase: minimizar el daño. Una vez que sabemos mantener la calma, notaremos que nuestras ideas se aclaran y que podemos percibir mejor la naturaleza de nuestro problema. Hay veces en que, sólo con eso, la angustia se disuelve y una solución evidente y eficaz se hace patente con toda su sencillez. El miedo paraliza la iniciativa y la ira oscurece el razonamiento. Una mente serena percibe mejor las causas y las consecuencias de cada situación. Pero lo más frecuente es que esto no sea suficiente, porque realmente estamos atenazados en un conflicto problemático al que, aun con toda nuestra calma, no podemos verle salida. A la sensación que tenemos en estas circunstancias la llamamos "daño", que es el sufrimiento provocado por una agencia externa a nosotros y que no controlamos. Si ésta es la situación, tenemos que aceptarla, pero en su justa medida, sin exagerarla ni permitir que nos destruya. Dos errores extremos son posibles en este momento: uno es negar el daño, pretender que no existe, o que no nos afecta o que no pasa nada. El otro es dejarse arrastrar por el sufrimiento, lamentarnos, enfadarnos con nosotros mismos porque las cosas nos van mal, desmoralizarnos porque nos sentimos atacados o fracasados. Minimizar el daño consiste en mantener las cosas en su punto, sin negarlas ni empeorarlas con reacciones autodestructivas. Si estamos sufriendo, suframos, pero lo mínimo posible y, desde luego, no por nuestra propia causa. Aquí viene muy bien mantener la calma, porque en ese estado mental podemos distinguir la parte de nuestro sufrimiento que viene del problema y la parte que es de nuestra propia creación. Por muy mal que estén las cosas, siempre pueden estar peor y eso es lo que hay que evitar. Minimizar el daño es reducirlo a su mínima e inevitable expresión, lo cual requiere, como primer paso, aceptar que existe y ya está. A continuación podemos pasar a la *gestión del daño*, que tiene tres partes:

- Decidir qué hacer (constructivamente, se entiende) cuando sufrimos un ataque, una desgracia o una pérdida, o cuando nos encontramos en situaciones críticas, estresantes o traumáticas.

- Tener la presencia de ánimo y la constancia necesarias para continuar con la gestión del daño, sin dejar que nos arrastre y sin complicarlo con reacciones destructivas.

- Aprovechar la experiencia para fortalecer nuestra personalidad, prevenirnos ante daños futuros y controlar mejor nuestras circunstancias. La tendencia a empeorar las cosas está siempre presente y ello se debe, en gran parte, a la confusión habitual entre *ser culpable* y *ser responsable*.

Responsable viene de responder. Ser responsable quiere decir que, ante una situación difícil, tenemos el hábito de buscar una salida o una solución. Sentirse culpable es otra cosa. Es juzgarse, criticarse y castigarse, generalmente para satisfacción de terceros, que demandan esa expiación por razones de justicia o de venganza o, simplemente, "para que aprendas". Culpar a otros es una defensa contra la manía de sentirse culpable, una forma de hacer que la culpa cambie de sitio, pero sin poner en marcha la propia respuesta (= responsabilidad) para que las cosas estén bien, o por lo menos no vayan a peor. Así es como se forman los "parásitos de la mente", pensamientos breves y automáticos que se disparan en situaciones de crisis y que nos afectan profundamente sin que nos demos cuenta. La mayoría de ellos son comentarios o conclusiones erróneas, exageradas o distorsionadas, críticas que hacemos o temores que avivamos a partir de un motivo real mínimo. Es como si hubiéramos grabado todos los reproches y recriminaciones acumulados desde nuestra infancia y los hiciéramos sonar a la menor oportunidad. Si, por ejemplo, algo se me cae al suelo, tendré que recogerlo y, como mucho, buscar la manera de reponerlo si se ha roto. Nada más. Si entretengo ideas tales como "soy tonto", "soy un torpe", "qué desgracia, lo rompo todo", etc., etc., estoy dejando que me roa un "parásito de la mente". "Nadie me quiere, todo el mundo pasa de mí" es otro parásito favorito. Si tengo que hablar con alguien para pedirle algo y, antes de hacerlo, ya siento ansiedad y temores de vergüenza y ridículo, lo más probable es que esté infectado por los parásitos de la anticipación negativa y de la seguridad del rechazo. De todas estas costumbres destructivas, la peor es el "autoestrés", la manía de dar vueltas a todas las complicaciones y desgracias imaginables que podrían suceder, acabando por generar un estado de agonía que procede, no de los problemas reales, sino de las fantasías que nos hacemos sobre ellos. Siempre que ocurra algo que nos haga sentirnos agredidos, desamparados, temerosos o apenados, tenemos que estar atentos a limitar nuestro sufrimiento a las causas razonables que lo originan. Y si no hay ninguna causa razonable, dejarlo ahí y no darle más vueltas. Agobiarse por estar agobiado, con razón o sin ella, es una forma de autoestrés, uno de los peores parásitos de la mente.

Las medidas más sencillas para minimizar el daño son:
- Desentenderse de la culpa y aceptar la responsabilidad (a menos que nuestra responsabilidad sea encontrar al culpable).
- No empeorar las cosas.
- Detectar los parásitos mentales y no hacerles caso.

- No pagarla con gente inocente.
- Parar el autoestrés.

Cuarta fase: comprender la situación. Una vez que estamos centrados, sabemos mantener la calma y no perdemos tiempo ni energía en empeorar las cosas, estamos en condiciones óptimas para comprender lo que está pasando. Por lo general, la situación que nos pone en crisis es el punto terminal de una secuencia que, a su vez, forma parte de otra serie de secuencias interconectadas. Todo lo que pasa es el efecto de una causa, o de una intención, o del puro azar. Saber distinguir una cosa de otra requiere mucha calma y es probable que tengamos que volver a repetir varias veces los dos pasos anteriores, mantener la calma y minimizar el daño, mientras estamos intentando comprender la situación.

Para empezar, tenemos que lograr una cierta distancia. Es como ponerse en un punto de vista externo, ver las cosas desde fuera, como si no fueran con nosotros. Esta actitud es fácil si hemos hecho bien los pasos anteriores, pero es totalmente imposible si estamos anegados por el miedo, el estrés o la ira. Las emociones negativas nos hacen ver las cosas desde dentro, estrechan nuestra atención y nos fuerzan a luchar o a huir y, encima, de manera generalmente ineficaz. Sólo en estado de calma podemos abstraernos de nuestro sufrimiento y analizar la situación desde una perspectiva más amplia.

María José es una profesora concienzuda y sensata, con más de veinte años de experiencia en su colegio. A mitad de curso, el nuevo director reúne al claustro para explicarles su nuevo plan de estudios, que hay que poner en marcha de inmediato. María José comenta que algunos de los cambios son muy bruscos y que es mejor posponerlos hasta el curso siguiente. Otros profesores están de acuerdo y el director termina la reunión de manera abrupta. A partir de ahí, se va creando una atmósfera rara a su alrededor, algunos de sus compañeros empiezan a evitarla y el director hace algunos comentarios sarcásticos sobre ella en diversas ocasiones. Casi todas las clases están ya trabajando con el nuevo método y hay pequeñas reuniones de profesores de las que María José no se ha enterado. Un día, el director la llama a su despacho para informarle de que hay graves quejas de los padres sobre cómo lleva sus clases y le advierte que si no mejora su actitud tendrá que informar al Ministerio.

María José entra en crisis. Es la primera vez que le llaman la atención, se siente amenazada y no entiende nada, porque está convencida de estar haciendo bien su trabajo, como siempre lo ha hecho.

Intenta defenderse, pero el director la corta y le dice que tampoco es tan grave, sólo tiene que integrarse mejor y poner más interés. A los pocos días María José quiere hablar de nuevo con el director, pero éste está muy ocupado y le dice que la llamará.

¿Qué hace ahora María José? Lo más normal es que se sienta triste, ansiosa y desvalida. Su mundo ha cambiado, no sabe lo que tiene que hacer y, en su preocupación, empieza a dormir mal, llega tarde al colegio y a veces se distrae durante las clases. Está irritable y ocasionalmente regaña a algún niño sin gran motivo. Ha entrado en una espiral que acabará siendo su perdición.

O no. Tomando conciencia de su problema, decide que tiene que centrarse en recuperar su estatus de siempre. No se deja llevar por la desesperación. Todos los días, nada más llegar a casa, se sienta en un sitio aislado, cierra los ojos y se fija en su respiración. Se da cuenta de que está agitada, pero no hace caso. Está aplicando un método de concentración pasiva, fijando su atención en algo, en este caso los movimientos automáticos de su diafragma, sin pretender lograr ningún resultado y aceptando sin discusión todo lo que percibe. En pocos minutos, la agitación va cediendo y aparece la calma. Hace lo mismo todas las mañanas antes de ir al colegio y, ocasionalmente, durante el día, aprovechando los recreos y los descansos. Ahora puede ver la situación desde fuera, y apreciar su papel en un contexto más amplio que el de sus propios sentimientos e intereses. El director es nuevo e inseguro y necesita demostrar a todo el mundo, empezando por sí mismo, su capacidad de controlar a sus súbditos. Al personal en general le da todo un poco igual, sólo quiere no tener líos y ganarse su salario con el mínimo esfuerzo. María José ha tenido un arrebato de autenticidad, al querer que las cosas funcionen bien, sin tener en cuenta que hay en operación otras dinámicas. En un contexto diferente, su comentario bien intencionado en el claustro podría bien haberle valido un ascenso a Jefe de Estudios. En éste, la sitúa en la oposición y la convierte en un obstáculo a las dinámicas mayoritarias. Su propia reacción a los acontecimientos se convierte en un factor más de la situación, haciendo que se vaya deteriorando y aislando cada vez más. Ha entrado en el papel de víctima y todo el contexto favorece que sus problemas vayan a más.

No hace falta comprenderlo todo. Por qué el director es así, por qué sus compañeros son así, por qué algunas instituciones se organizan mejor cuando pueden victimizar a alguien, no son consideraciones necesarias en este momento. Basta con comprender el papel que uno juega en dinámicas más amplias que las propiamente personales.

Quinta fase: decidir la condición. Una condición es algo que tiene que ocurrir para que otras cosas ocurran. Referido al propio comportamiento, es la manera de pensar, sentir y actuar que facilita que algunas cosas nos ocurran y otras no. Nuestra condición es, generalmente, inconsciente e involuntaria, y viene determinada por nuestro pasado, nuestras relaciones y nuestra forma habitual de responder ante distintas circunstancias. Cuanto más nos comportamos de cierta manera, más probable es que sigamos haciéndolo igual y que nos sigan pasando las mismas cosas.

La condición de una situación viene definida por las dinámicas que la configuran; si llegamos a entenderlas, podremos predecir con cierta certeza lo que va a pasar después. Naturalmente, nuestra capacidad de predicción es limitada, no sólo porque algunas dinámicas se nos escapan, sino porque cualquier condición está siempre abierta a la intervención del azar, casualidades imprevisibles que alteran los cursos más seguros. Una vez que entendemos la situación, podemos ponerle nombre o, por lo menos, describirla en una frase sencilla. Algunas situaciones son lo bastante complejas como para que podamos definirlas de varias formas. Podemos entenderlas como el resultado de varias situaciones interrelacionadas o coincidentes y entonces podemos decidirnos, entre las distintas condiciones presentes, por una que preferimos a las demás. Por ejemplo, parece que María José está en su trabajo en condición de acoso psicológico, pero también podríamos decir que está en un estado de sobrecarga emocional, o que no encaja bien en su entorno laboral. Lo que está claro es que ya no está en la condición de "actividad laboral armoniosa" a la que estaba acostumbrada. Redefinir la situación es darse cuenta de los cambios que han tenido lugar y formular una nueva frase que encaje con las condiciones presentes. Luego, si María José decide que su condición es de acoso, buscará ayuda apropiada en ese sentido. Si decide que está en condición de agotamiento emocional, se hará tratar y quizá pida la baja. Si decide que su entorno laboral ya no responde a sus cualidades e intereses, buscará trabajo en otro sitio. La gran ventaja de decidir la condición es que acaba con el desconcierto y permite tomar medidas apropiadas. La gran desventaja es que uno puede equivocarse, por eso es bueno no cerrarse en banda y tomarse la decisión como una hipótesis orientativa.

Otra cosa diferente al decidir la condición de la situación es decidir la *propia* condición, lo cual equivale a definirse a sí mismo en esa circunstancia. María José puede optar por definirse a sí misma como víctima, o como luchadora por el progreso de la enseñanza, o como neurótica, o como persona que está aprendiendo a superar las crisis de su vida. Decidirse por una definición significa comprometerse con ella y desentenderse de las demás definiciones posibles. Una de las mayores dificultades que he encontrado en el tratamiento de personas maltratadas es que, una vez que han optado por la condición de víctima, les resbalan todas las intervenciones que puedan sacarlas de esa situación. Al decidir la propia condición es vital tener en cuenta qué es lo que uno quiere para sí y no solamente cuál es la definición que más fácilmente parece encajar en lo que uno está viviendo.

En resumen, decidir la condición es formular una hipótesis operativa sobre las dinámicas activas en una situación y elegir las más apropiadas para cambiarla a nuestro favor. Para hacerlo bien, es esencial considerarse a sí mismo como una fuerza activa en el conjunto. La evaluación objetiva y realista de las dinámicas personales y de las dinámicas de la situación permite evitar dos errores extremos:

1. Considerarse víctima impotente de las circunstancias, ajena a su desarrollo.

2. Confundir deseos y temores con desarrollos más o menos probables.

En toda situación hay dinámicas que determinan su evolución y nuestras decisiones son una de ellas. Pero hay más, algunas completamente desconocidas e imprevisibles. En esta fase formamos modelos o representaciones mentales de los distintos futuros posibles y decidimos esforzarnos para hacer cada vez más probable el que hemos elegido. Desarrollamos así el sentido de propósito, que es el compromiso consciente, deliberado y responsable con nuestro futuro.

Sexta fase: actuar, no reaccionar. Una vez que hemos decidido la condición que mejor encaja con nuestro futuro, sólo nos queda actuar con estrategia y efectividad para hacerlo realidad. Usando el lenguaje con toda propiedad, podemos decir que, en un momento dado, ni el pasado ni el futuro existen. El primero, porque ya no está. El segundo, porque todavía no ha llegado. Ambos son creaciones mentales, la primera basada en el recuerdo de acontecimientos, la segunda en proyecciones o modelos más o menos probables. Lo que sí que existe, en ese mismo momento, son los efectos del pasado y las causas del futuro. Reaccionar es obrar conforme a las causas que han actuado sobre nosotros. Es, en cierta forma, dar vida a una continuación del pasado. Por el contrario, actuar con visión de futuro (o "proaccionar", que dicen los expertos en gestión estratégica, como Covey[64]) es obrar de manera consciente y deliberada para ser causa del futuro. Cuanto más reactivos somos, menos poder tenemos sobre nuestra vida y más nos convertimos en esclavos de las circunstancias. Lo contrario ocurre cuando somos proactivos.

Siguiendo el criterio de que todo lo que ocurre tiene que ver con la intencionalidad humana, con la relación natural causa-efecto o con el azar, he definido en otro lugar[65] tres formas de actuar:

- **Reacción**: respuesta automática de intencionalidad inconsciente a otras acciones o acontecimientos. La reacción es el efecto de otra causa o intención. Es la forma de actuar típica de los animales y se puede educar por reflejos condicionados.

- **Proacción**: acción deliberada de intencionalidad consciente, cuyo objetivo es ser causa de determinado acontecimiento o reacción. Es propia del ser humano evolucionado. Se ve facilitada por un buen conocimiento y dominio de sí mismo y por una acertada decisión de las condiciones operativas en cada situación.

- **Acción indiferente o espontánea**: su causa e intencionalidad no están claras, pero produce efectos. Puede ser una expresión de inclinaciones naturales o una respuesta intuitiva a determinada situación. Como no se sabe bien qué es lo que la motiva, de la persona que obtiene buenos resultados actuando así, de manera consistente y repetida, decimos que tiene suerte, instinto o "baraka". Hay gente a la que le ocurre exactamente lo contrario, mete la pata con regularidad y tiene definitivamente mala suerte. En mi experiencia, la práctica regular de las técnicas de meditación y la actitud positiva ante la vida favorecen la buena suerte, mientras que la tensión crónica y las actitudes negativas aumentan la mala. La tarea en esta fase es desarrollar al máximo nuestra proactividad y limitar nuestras tendencias reactivas. Resulta útil, siempre que

---

[64] Stephen R. Covey, el gran experto norteamericano en motivación y liderazgo, da una excelente lección sobre proactividad y temas relacionados en sus dos libros principales, *Los siete hábitos de la gente eficaz* y *Primero lo primero*, ambos publicados en español por Paidós.

[65] *El maltrato psicológico* (Madrid, Espasa, 2005, pág. 201).

estamos a punto de hacer algo, preguntarnos si esa acción va a facilitar la realidad de nuestro futuro elegido o si, por el contrario, es una mera reacción a causas del pasado.

Al llegar a casa, Juan encuentra a su mujer tensa y depresiva. Su hijo adolescente le ha faltado el respeto, dice ella, y necesita un correctivo. La primera reacción de Juan es contestar que viene muy cansado de trabajar y que no quiere líos. La segunda, es entrar en la habitación del niño y darle dos tortas. No es probable que ninguna de las acciones facilite el futuro elegido de Juan, que es una familia unida y feliz, con un hijo que se independiza progresivamente para convertirse en un hombre de provecho. Proactivamente, consuela a su esposa, coincide con ella en que el chico está atravesando un período difícil y en que es importante mantenerse serenos y tener una estrategia común para educarlo. Por supuesto que se abstiene de reproches como "si no lo hubieras mimado tanto" y "ya te dije que...". Después llama al joven y le pregunta si está en condiciones de hablar un rato. Si está alterado por algo, o enfrascado haciendo sus deberes, puede que sea mejor posponerlo para otro momento, porque lo que Juan tiene en mente no es una intervención puntual aislada, sino una conversación interactiva en la que su hijo pueda articular sus problemas y dificultades para comportarse. Puede ser que lo esté pasando mal por otras razones y que necesite comprensión, apoyo y consejo. En todo caso, hay que exponerle la conducta que se espera de él, no como una imposición o en forma de reproche, sino como exposición razonable de lo que es la convivencia.

Independientemente de los resultados, Juan está trasmitiendo un ejemplo de acción proactiva. Es probable que el mero hecho de verlo actuar así ayude al resto de su familia a reducir su reactividad. Lo cual nos lleva de manera natural a la séptima fase.

Fase séptima: convertirse en creador de estabilidad y cambio social. Estabilizar lo que es bueno, cambiar lo que es malo. Cuando, a fuerza de práctica, adquirimos el hábito de la proactividad, empieza a crearse a nuestro alrededor un halo de seguridad y confianza. Una persona que toma responsabilidad por su propia vida, que mantiene la calma, que sabe minimizar el daño, que comprende las situaciones y que actúa de manera proactiva para desarrollar las condiciones más favorables, es una verdadera joya en cualquier organización o sociedad. Independientemente de su influencia saludable, su mera existencia es un ejemplo al que todos debemos aspirar. Una cualidad que las personas proactivas desarrollan en alto grado es la empatía, capacidad de percibir de manera intuitiva y directa, los sentimientos y las dinámicas psicológicas de los demás. Gracias a esta habilidad puede entender y anticipar mejor sus reacciones, lo que facilita enormemente sus respuestas. Por ejemplo, una persona puede mostrarse desagradable porque se siente amenazada, o porque está angustiada por sus propios problemas, o porque siente una malevolencia o desaprobación especial contra nosotros. Obviamente, ante el mismo trato, la respuesta proactiva será diferente según se perciban las causas de éste. Una persona reactiva, en cambio, actuará siempre igual, generalmente ocasionando mayor conflicto. Aunque, muy acertadamente, se considera que la empatía enriquece de manera muy valiosa las relaciones humanas, las personas empáticas corren un cierto riesgo de ser manipuladas por psicópatas hábiles o de sufrir contagio de emociones negativas. El complemento de la empatía es la ecpatia[66], definida como "proceso mental voluntario de exclusión de sentimientos, actitudes, pensamientos y motivaciones inducidas por otro". Si la empatía es la capacidad de ponerse en el lugar de otro, la ecpatia es la capacidad de ponerse en el propio lugar.

No hay que confundir proactivo con pacífico, comprensivo, bondadoso, dispuesto a ayudar, etc. Es cierto que todas esas actitudes suelen facilitar las relaciones interpersonales y llevan a un buen futuro, pero ser proactivo significa "actuar teniendo en cuenta las consecuencias de los propios actos en cada situación". Una persona proactiva sabe muy bien y tiene muy claro lo que quiere, es decir, es firme en sus propósitos. Pero como las situaciones son cambiantes es, al mismo tiempo, flexible en su conducta. Algunas reacciones parecen bondadosas a primera vista, pero son, después de todo, respuestas de pasado, que no tienen en cuenta el futuro. A veces, es mejor ser seco y distante que amable y cariñoso. La asertividad, que es una forma de expresión apropiada de la agresividad, puede ser una respuesta proactiva muy apropiada en algunas ocasiones. Por otra parte, ya hemos visto al tratar del "síndrome de la rana cocida" que hay situaciones estables en las que es necesario introducir un cambio, porque si se dejan evolucionar libremente llevan a la esterilidad, a la frustración o al agotamiento. Adaptarse reactivamente puede ser tan destructivo en estos casos como subvertir el orden establecido

---

[66] L. de Rivera, "Empatía y ecpatía", *Psiquis*, 2004, 25:243-245.

lo es en otros. Para una persona que ha recorrido todo el camino del método, es evidente que la madurez de los demás redunda en su propio beneficio. Cuando hay mucha gente así a nuestro alrededor, podemos vivir en la confianza de que encontraremos pocas crisis y de que, cuando se presenten, serán fácilmente resueltas.

Apéndice para terapeutas[67]

La intervención en la crisis es un procedimiento específico cuyo objetivo principal es modificar la relación de fuerzas que conforman una crisis, haciendo más probable que la balanza se incline hacia el lado positivo. Una pequeña corrección de trayectoria en el momento oportuno puede producir grandes efectos. Las cualidades del psicoterapeuta son cruciales para este tipo de trabajo, por la extrema susceptibilidad del paciente a la calidad de la relación y por su extremada influenciabilidad en la situación en que se encuentra. No hay técnica que funcione con un terapeuta patoso o malévolo e, inversamente, un buen terapeuta suele acertar de manera intuitiva con la acción apropiada, aun en las situaciones más complicadas. Por otro lado, gran parte del aprendizaje en el afrontamiento y resolución de crisis tiene lugar de manera incidental, esto es, por absorción progresiva de las actitudes del terapeuta con ocasión de algunas de sus intervenciones concretas.

I. La formación personal del terapeuta

La formación en psiquiatría y en psicología clínica es inherentemente estresante, hasta el punto de que muchos estudiantes de esas especialidades muestran signos de estrés postraumático[68]. Las causas de este sufrimiento psíquico no dependen sólo de las dificultades y exigencias del contacto interpersonal con el enfermo, sino también de los factores internos que favorecieron, en primer lugar, la elección de su profesión. Es frecuente que a lo largo del período de formación tenga

---

[67] L. de Rivera, "Psicoterapia de la crisis", *Revista de la Asociación Española de Neuropsiquiatría*, año XXI, julio/sept. 2001, págs. 35-53.

[68] D. L. Klamen, L. Grossman, D. Kopacz, y B. Doblin, "Psychiatric residents show signs of posttraumatic stress", *Psychiatric News*, 1993, 28 (15):7, 20.

lugar una crisis, relacionada con la formación de la identidad profesional y, más profundamente, con nuevos intentos de resolución de problemas adolescentes reactivados[69]. En la salida óptima de esta crisis se forman los rasgos de madurez que constituyen las cualidades esenciales del psicoterapeuta[70], que son:

- Empatía objetiva.
- Aceptación dinámica del paciente.
- Tolerancia de la angustia.
- Libertad de la consciencia.
- Renuncia a la gratificación emocional a expensas del paciente.
- Motivación creativa.

La presencia de estas cualidades depende, al menos en cierto grado, de una predisposición constitucional, aunque su desarrollo puede potenciarse con la metodología docente apropiada.

2. Establecimiento de la relación terapéutica

Más que en otros contextos, la relación en sí misma es importante. La actitud empática, genuina y sincera del terapeuta es esencial, evitando muestras de compasión o conmiseración y haciendo patente su interés por el paciente y su crisis, especialmente en sus elementos subjetivos. La aceptación del paciente en toda su dimensión, tanto en su sufrimiento como en sus capacidades de autorregulación, en sus tendencias más creativas y en sus afectos más negativos y destructivos, favorece la comunicación y el desbloqueo de sus capacidades. Más que con instrucciones directas, la correcta actitud del terapeuta transmite de manera incidental una sensación de cooperación y trabajo, desculpabilizando y favoreciendo la recuperación progresiva de sentimientos de competencia y eficacia. Escuchar es esencial, dejando al paciente la guía principal, pero introduciendo, en el momento apropiado, pequeñas correcciones de trayectoria que faciliten la clarificación, la catarsis, el descubrimiento de los recursos personales y la exploración de nuevas posibilidades de solución. No se trata de contradecir, dar instrucciones o convencer, sino de abrir canales mentales hacia alternativas liberadoras del círculo vicioso en que tiende a

---

[69] L. de Rivera, "Identity and Psychiatric Training", *J. Psychiatr Neurosci*, 1980, 5:24-27.

[70] L. de Rivera, "Psicoterapias y Psicoterapeutas", *Psiquis*, 1982, 3:112-115.

encerrarse la persona en crisis. No importa mucho acertar a la primera ni guiar hacia un terreno prefijado; el proceso de corrección de trayectoria es, en sí mismo, más importante que sus contenidos concretos. La experiencia de que las decisiones o consideraciones que uno ha ido tomando no son forzosamente necesarias y que siempre existen alternativas, va creando insensiblemente un fondo de esperanza, a la vez que se desarrolla una habilidad imprescindible para la resolución de problemas.

3. Atención a preservar relaciones importantes

Anexo al establecimiento de una buena relación terapéutica están el mantenimiento y la mejora de las relaciones interpersonales clave. No sirve de mucho nuestro esfuerzo si el paciente debe enfrentarse después con actitudes disfuncionales en su familia o en su trabajo, o si la propia situación de crisis ha ido generando reacciones de rechazo, agresividad o distanciamiento en sus personas de apoyo. Es conveniente entrevistar al cónyuge y otras personas significativas, para poder evaluar su actitud e instruirlos en la mejor manera de tratar al paciente. No es infrecuente que esa persona clave esté también sufriendo los efectos de la crisis y que pueda necesitar tratamiento, en ocasiones con más urgencia y rendimiento que el paciente designado. En caso de que su colaboración sea negativa, puede ser necesario clarificar con el paciente los sentimientos que sus relaciones principales generan en él, ayudarlo a entender y protegerse de las reacciones disfuncionales y, extremo último muy importante, prevenirlo contra las actitudes destructivas de relaciones importantes que él mismo pueda desarrollar bajo los efectos de la tensión generada por la crisis.

4. Técnicas de gestión o resolución emocional

Dar salida a respuestas emocionales contenidas es prioritario en el tratamiento de la crisis. La percepción y expresión de emociones relacionadas con la pérdida y el duelo son especialmente importantes. Algunos concomitantes fisiológicos, como el llanto, han sido con frecuencia bloqueados por la educación y el paciente puede necesitar aclaraciones acerca de su importancia y utilidad. La ventilación emocional puede tener lugar de manera incidental desde la primera entrevista, o de manera deliberadamente estructurada a través de técnicas como el análisis autógeno o similares[71]. La actitud del terapeuta debe ser simultáneamente permisiva y contenedora, desdramatizando la experiencia disfórica y educando sobre el significado y la metodología de la descarga emocional. Las emociones son tratadas como indicadores de estados internos y expresión de decisiones y juicios extraconscientes; se aceptan, por lo tanto, como fuentes de información, al mismo tiempo que se desactivan como sufrimientos indeseables.

5. Recontextualización

Una crisis significa una ruptura con los puntos de vista habituales y en ella se barajan elementos que no pueden ser integrados en el mundo interno sin crear una notable desestructuración de éste. Recontextualizar es poner las cosas en perspectiva, redefinir las situaciones y decidir actuaciones en términos más acordes con una visión positiva de la realidad. No se trata de engañarse, edulcorar las cosas o minimizar las tragedias, sino de operar desde un punto de vista que permita sacar partido de la experiencia. Así, por ejemplo, dar prioridad a la información disponible para resolver la crisis evita concentrarse en la experiencia disfórica como principal contenido de la conciencia. Priorizar tiene efectos paradójicos, de modo que concentrarse en el problema y aplicarle técnicas de resolución y recontextualización reduce mejor la ansiedad que intentar evitarlo y pensar en otra cosa.

6. Activación y entrenamiento de capacidades pro-homeostáticas

Nuestro organismo está dotado de mecanismos automáticos de autorregulación, encargados de mantener el equilibrio interno frente a los cambios y agresiones del entorno. Con frecuencia, la operación de estos procesos pro-homeostáticos se confunde con la causa del sufrimiento que se quiere evitar y, en lugar de facilitar sus funciones, se

---

[71] L. de Rivera, *Psicoterapia autógena* (Editorial Klinik, Madrid, 1999); L. de Rivera, "Autogenic Psychotherapy and Psychoanalysis", en J. Guimon (ed.), *The body in psychotherapy* (Karger, Basilea, 1997, págs. 176-181); L. de Rivera, "Autogenic analysis: The tool Freud was looking for", *International Journal of Psychotherapy*, 2001, 6:71-76.

intenta inhibirlas. Así, por ejemplo, cuando en medio de una crisis el sujeto afectado se despierta completamente despejado a las cuatro de la mañana, es posible que no se trate de un insomnio que hay que combatir con hipnóticos, sino de una sabia artimaña cerebral para trabajar intensamente durante unas horas en un escrito vital, en la organización y revisión de documentos, etc., o simplemente para meditar sosegadamente sobre la situación y sus posibles soluciones. Inversamente, cuando en períodos de intenso cambio el paciente nota necesidad de más horas de sueño que lo habitual, puede que eso sea acertado, ya que dormir facilita la reelaboración de información contradictoria y la consolidación de nuevas memorias. Es frecuente observar que las técnicas de meditación inducen estados que, además de potenciar la capacidad de resistir el estrés, facilitan la reconexión y reelaboración de procesos mentales, con la consiguiente restructuración del mundo interno.

7. Medicación psicótropa

La intervención en la crisis es fundamentalmente un procedimiento psicoterapéutico. Pero eso no impide que, en algunos casos, pueda ser conveniente asociar tratamiento psicofarmacológico, ilustrado por el diagntico patogenético, e integrado en la estrategia terapéutica general. Los antidepresivos de nueva generación son útiles por su efecto aumentador de la resistencia al estrés, sobre todo cuando la sintomatología depresiva está ya presente. Cuando en el curso del afrontamiento de la crisis aparecen cuadros depresivos severos, es difícil obtener una buena respuesta a la psicoterapia antes de que sean apropiadamente tratados.

Bibliografía

Libros

Benyakar, M., *Lo disruptivo*, Biblos, Buenos Aires, 2003.

Cyrulnik, Boris, *Los patitos feos*, Gedisa, Barcelona, 2002.

Erikson, E., *Identity and the life cycle*, Norton, Nueva York, 1960.

Fernández Liria, A y Rodríguez Vega, B., *Intervención en crisis*, Síntesis, Madrid, 2002.

González de Rivera, J. L., *véase* Rivera, Luis de.

Grof, S., *El poder curativo de las crisis*, Kairós, Barcelona, 1989.

Guimon, J., *Manuel de santé mentale relationnelle*, Médecine & Higiene, Ginebra, 2004.

Horowitz, M. J., *Treatment of stress response syndromes*, American Psychiatric Publishing, Washington, 2003.

Rivera, Luis de, *El maltrato psicológico. Como defenderse del mobbing, el bullying y otras formas de acoso*, Altaria, Barcelona, 2011.

Rivera, L. de; Rodríguez-Pulido, F., y Sierra, A., *El método epidemiológico en salud mental*, Masson-Salvat, Barcelona, 1993.

Rivera, Luis de, *Psicoterapia autógena. Cursos de postgrado en psicopatología y salud, UNED*, Editorial Klinik, Madrid, 1999.

Rivera, Luis de, *Medicina Psicosomática*, Editorial Aula de Estudios Sanitarios (ADES Ediciones), Madrid, 2003.

Rivera, Luis de, *Síndromes de estrés*, Síntesis, Madrid, 2010.

Robles Sánchez, J. I. y Medina Amor, J. L., *Intervención psicológica en las catástrofes*, Síntesis, Madrid, 2002.

Rojas Marcos, L., *Nuestra incierta vida normal*, Aguilar, Madrid, 2004.

Instrumentos de medida

González de Rivera, J. L., *El índice de reactividad al estrés*, Editorial Inteva y Asociación Española de Psicoterapia, Madrid, 1990.

González de Rivera, J. L.; de las Cuevas, C.; Rodríguez-Abuín, M., y Rodríguez-Pulido, F., *Cuestionario de 90 síntomas. Versión Española del SCL-90-R de Derogatis*, TEA Ediciones, Madrid, 2001.

González de Rivera, J. L. y Rodríguez-Abuín, M., *Cuestionario de Estrategias de Acoso Psicológico en el Trabajo*, EOS Editorial, Madrid, 2005.

Rivera, Luis de y Rodríguez-Abuín, M., *El listado breve de síntomas*, TEA Ediciones, Madrid, 2011.

Tesis doctorales

Marta Cogollor Pérez: *El psiquismo fetal*. Tesis de Licenciatura. Facultad de Psicología, Universidad Complutense de Madrid, 1980.

Armando Luis Morera Fumero: *Estrés y enfermedad*. Tesis de Licenciatura. Facultad de Medicina, Universidad de La Laguna, 1982.

María Lourdes Fernández López: *Cuantificación de factores psicosociales de estrés y estudio de su aplicación en medicina*. Departamento de Medicina Interna y Psiquiatría, Facultad de Medicina, Universidad de La Laguna, 1990.

Manuel Henry Benítez: *Tratamiento psicológico del asma bronquial*. Departamento de Medicina Interna y Psiquiatría, Universidad de La Laguna, 1990.

Carlos de las Cuevas Castresana: *Síntomas psiquiátricos y psicosomáticos en la población general y en pacientes psiquiátricos ambulatorios*. Departamento de Medicina Interna y Psiquiatría, Facultad de Medicina, Universidad de La Laguna, 1991.

Ana Luisa Monterrey Yanes: *El índice de reactividad al estrés y actividad electrodermal*. Departamento de Medicina Interna y Psiquiatría, Facultad de Medicina, Universidad de La Laguna, 1991.

María Reyes García Trujillo: *Fenómenos subjetivos presentados durante el uso de técnicas de autoinducción de estados de conciencia*. Departamento de Medicina Interna y Psiquiatría, Facultad de Medicina, Universidad de La Laguna, 1991.

Pastora Cuevas Muñoz: *Clima laboral, factores internos y externos de estrés y apoyo social en personal de salud. Morbilidad psiquiátrica relacionada.* Departamento de Psiquiatría, Facultad de Medicina, Universidad de Cádiz, 1995.

Luis Pou Polanco: *Estudio epidemiológico del estrés psicosocial y el bienestar psíquico en la Administración Pública Canaria.* Departamento de Psiquiatría, Facultad de Medicina, Universidad Autónoma de Madrid, 1998.

Manuel Rodríguez-Abuín: *Estrés y psicopatología en población normal, en pacientes con trastornos médicos-funcionales y en enfermos psiquiátricos.* Departamento de Psicología Clínica, Facultad de Psicología, Universidad Complutense de Madrid, 1999.

Gerardo Lozoya Molina: *Aplicación del test de memoria por ordenador en la rehabilitación de las disfunciones mnémicas en la enfermedad de Alzheimer.* Departamento de Psicología Clínica. Facultad de Psicología. Universidad Complutense de Madrid, 2000.

Luis Hernández Herrero: *Diagnóstico e intervención sobre estrés en empresas de servicios de comunicación gráfica.* Departamento de Medicina Preventiva, Salud Pública e Historia de la Ciencia, Facultad de Medicina, Universidad Complutense de Madrid, 2004.

María Martínez Vigo: *Relación entre los niveles plasmáticos de testosterona y tentativas de suicidio en varones.* Departamento de Psiquiatría, Universidad Autónoma de Madrid, 2008.

María Dellanira Chacín González: *Índices psicopatológicos, reactividad al estrés y desgaste profesional en los médicos residentes de los postgrados clínicos de la Facultad de Ciencias de la Salud de la Universidad de Carabobo, Venezuela.* Departamento de Psiquiatría, Universidad Autónoma de Madrid, 2009.

Gladys Elena Orozco Mújica: *Relaciones personales asimétricas docente-estudiante en odontología.* Departamento de Psiquiatría, Universidad Autónoma de Madrid, 2009.

Nancy Oñate de Gómez: *Perspectiva integral del equilibrio metabólico en mujeres diabéticas en edad reproductiva.* Departamento de Psiquiatría, Universidad Autónoma de Madrid, 2010.

Óscar Mora Oliveros: *Influencia de los acontecimientos vitales y rasgos de la personalidad en el desarrollo del Síndrome de Disfunción Doloroso de la articulación temporo-mandibular.* Departamento de Psiquiatría, Universidad Autónoma de Madrid, 2010.

Lisbeth Ruiz de Armas: *Estrés y su relación etiopatogénica con la estomatitis aftosa recurrente*. Departamento de Psiquiatría, Universidad Autónoma de Madrid, 2011.

Miguel Ángel Correa Feo: *Índice de reactividad al estrés (IRE 32) según estratos socio-económicos (Graffar-Méndez Castellano), en sujetos residentes en la ciudad de Valencia, Estado Carabobo, Venezuela*. Departamento de Psiquiatría, Universidad Autónoma de Madrid, 2011.

Made in the USA
Lexington, KY
03 December 2013